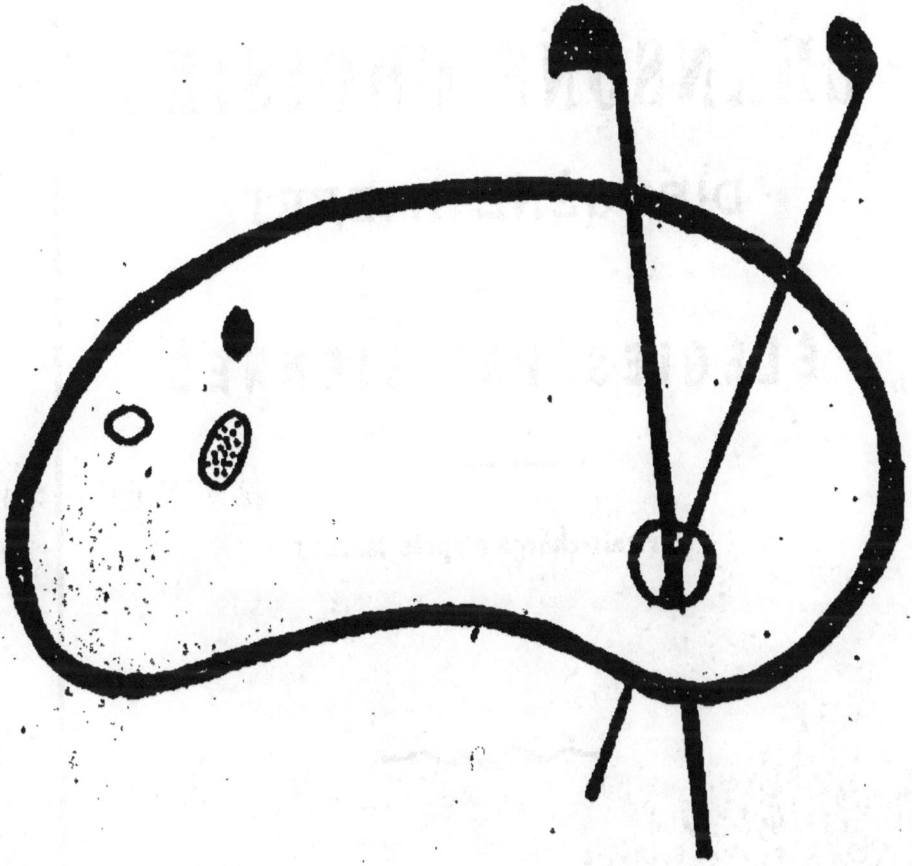

DEBUT D'UNE SERIE DE DOCUMENTS EN COULEUR

CHANSONS CHOISIES
D'EUGÈNE IMBERT

ÉLÉGIES PARISIENNES

Portrait-charge d'après MAILLY

CLUNY
IMPRIMERIE DEMOULE, PLACE DE L'HOPITAL

1875

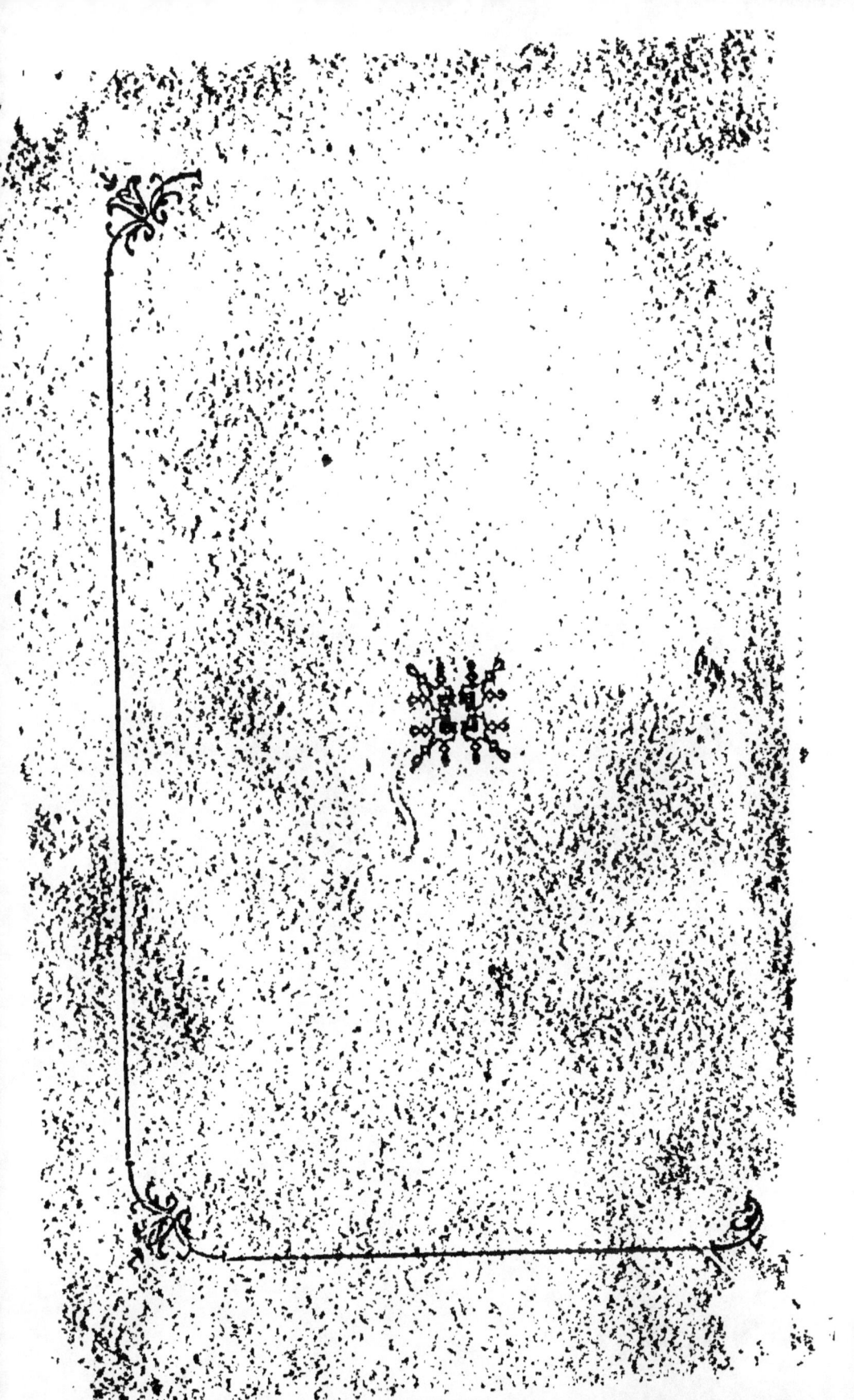

FIN D'UNE SERIE DE DOCUMENTS
EN COULEUR

CHANSONS CHOISIES

Le présent Recueil a été tiré à 310 exemplaires, savoir :

Papier vergé 300
Vélin 10

CHANSONS CHOISIES

D'EUGÈNE IMBERT

—

ÉLÉGIES PARISIENNES

—

Portrait-charge d'après MAILLY

CLUNY
IMPRIMERIE DEMOULE, PLACE DE L'HOPITAL

—

1875

CHANSONS CHOISIES
D'EUGÈNE IMBERT

LES BOTTES DE BASTIEN

Air connu.

Ah! il a des bottes,
Il a des bottes,
Bastien ;
Il a des bottes, bottes, bottes,
Il a des bottes,
Bastien.
} *Bis.*

Bastien est un grand personnage,
Au ventre rond, aux cheveux gras.
On lui donne dans le village
Du *monsieur* gros comme le bras.
Pieds nus, et vivant de carottes,
Hier, c'était un franc vaurien ;

Mais il a des bottes,
Il a des bottes,
Bastien ;
Il a des bottes, bottes, bottes,
Il a des bottes,
Bastien.

Des jambons volés à la brune
En plein jour il se régalait,
Et chipait, au clair de la lune,
Les lapins pris à son collet.
Des coups de trique et des calottes,
Il en reçut, Dieu sait combien !

    Mais il a des bottes,
      Il a des bottes,
        Bastien ;
Il a des bottes, bottes, bottes,
      Il a des bottes,
        Bastien.

Plus tard, une hôtesse matoise,
Bravant le gourdin marital,
En cachette sur son ardoise
Marquait un fabuleux total ;
Des plus vieux piliers de gargotes
Il peut se dire le doyen ;

    Mais il a des bottes,
      Il a des bottes,
        Bastien ;
Il a des bottes, bottes, bottes,
      Il a des bottes,
        Bastien.

Ces bottes doivent être fées,
Car dans le pays d'alentour
Toutes les filles sont coiffées
De ce poussa sur le retour.

Les plus laides et les plus sottes
Jadis l'accueillaient comme un chien ;

  Mais il a des bottes,
   Il a des bottes,
    Bastien ;
Il a des bottes, bottes, bottes,
   Il a des bottes,
    Bastien.

Son oncle, vieux célibataire,
A ce vagabond sans aveu
Refusait même un coin de terre :
Digne oncle d'un pareil neveu !
Mais enfin, avec ses culottes,
Le ladre lui lègue son bien :

  Ah ! il a des bottes,
   Il a des bottes,
    Bastien ;
Il a des bottes, bottes, bottes, } *Bis.*
   Il a des bottes,
    Bastien.

LA SAINT-PROPRIÉTAIRE

Air *de la Patrie en danger* (STREICH).

Amis, c'est aujourd'hui la Saint-Propriétaire.
L'heure vient de sonner; déjà, le code en main,
Le maître a commandé : l'esclave doit se taire.
Payons, payons d'abord; nous mangerons demain.

  Comme il est fier, ce noir fantôme,
  Sur son autel jadis tremblant?
  A Paris, sa fête se chôme
  A tout le moins quatre fois l'an.
  Dans son temple, à l'or qu'on lui porte,
  Le saint reconnaît ses amis.
  Nul ne peut rester à la porte,
  Mais à tous le jeûne est permis.

Amis, c'est aujourd'hui la Saint-Propriétaire.
L'heure vient de sonner; déjà, le code en main,
Le maître a commandé : l'esclave doit se taire.
Payons, payons d'abord; nous mangerons demain.

  Si j'ai, malade ou sans ouvrage,
  De mon pécule vu la fin,
  Tranquille à mon sixième étage,
  J'ai le droit de mourir de faim;
  Mais que je sois sans domicile,
  En ce cas tout prétexte est bon,
  Et sur le pavé de la ville
  On ramasse le vagabond.

Amis, c'est aujourd'hui la Saint-Propriétaire.
L'heure vient de sonner; déjà, le code en main,
Le maître a commandé : l'esclave doit se taire.
Payons, payons d'abord ; nous mangerons demain.

    A certain jour, à certaine heure,
    Il pourra, ce maître exigeant,
    Nous chasser de notre demeure ;
    Mais nous rendra-t-il notre argent ?
    Et pourtant, d'un cœur toujours ferme
    Combattant la morte saison,
    Nous avons sué, terme à terme,
    Plus d'or que ne vaut la maison.

Amis, c'est aujourd'hui la Saint-Propriétaire.
L'heure vient de sonner; déjà, le code en main,
Le maître a commandé : l'esclave doit se taire.
Payons, payons d'abord ; nous mangerons demain.

    Ferons-nous, modernes ilotes,
    De par la loi du talion,
    Rendre gorge à tous ces despotes ?
    L'agneau parfois devient lion....
    Hélas ! nous n'avons que nos larmes ;
    Nous implorons la pitié ; mais
    On a vu pleurer des gendarmes :
    Un propriétaire, jamais.

Amis, c'est aujourd'hui la Saint-Propriétaire.
L'heure vient de sonner; déjà, le code en main,
Le maître a commandé : l'esclave doit se taire.
Payons, payons d'abord ; nous mangerons demain.

Qu'une loi, renversant l'idole,
Rogne les ongles du vautour.
Il est temps que tout monopole
Subisse la taxe à son tour.
Il a fait assez de victimes,
Ce système égoïste et dur :
Dites-nous combien de centimes
Vaut un mètre cube d'air pur.

Amis, c'est aujourd'hui la Saint-Propriétaire.
L'heure vient de sonner ; déjà, le code en main,
Le maître a commandé : l'esclave doit se taire.
Payons, payons d'abord ; nous mangerons demain.

Abrégez cette rude épreuve,
Et dans nos poumons largement
Faites circuler comme un fleuve
L'air, indispensable élément.
A la courageuse mansarde
Montrez un soleil bienfaisant ;
Qu'à pleins rayons le ciel regarde
Le saint labeur de l'artisan.

Amis, c'est aujourd'hui la Saint-Propriétaire.
L'heure vient de sonner ; déjà, le code en main,
Le maître a commandé : l'esclave doit se taire.
Payons, payons d'abord ; nous mangerons demain.

NOUS NE SOMMES PAS IVRES

Air nouveau de VAUDRY.

A quatre, un gigot de six livres,
Chacun trois litres, c'est gentil.
 Mais nous ne sommes pas ivres.
  Nous, ivres ?
 Qui le dit a menti.   *Bis.*

 Tout en cassant une croûte,
 Le dernier broc a sauté ;
 Et maintenant nul ne doute
 De notre capacité.
 Si ma langue est babillarde,
 C'est qu'en versant l'argenteuil,
 J'en ai reçu, par mégarde,
 Deux ou trois gouttes dans l'œil.

A quatre, un gigot de six livres,
Chacun trois litres, c'est gentil.
 Mais nous ne sommes pas ivres.
  Nous, ivres ?
 Qui le dit a menti.

 Tenons-nous bien sous l'aisselle :
 Le chemin me semble étroit.
 Bah ! c'est le sol qui chancelle,
 Et c'est nous qui marchons droit.
 Pour nous le char de la vie
 Brave talus et ravin :
 Nous graissons, quand il dévie,
 Sa roue avec du bon vin.

A quatre, un gigot de six livres,
Chacun trois litres, c'est gentil.
   Mais nous ne sommes pas ivres.
      Nous, ivres !
    Qui le dit a menti.

Que va dire la bourgeoise ?
Elle a d'avance apprêté,
Bien loin de nous chercher noise,
Notre pardon et du thé.
Elle est faite pour attendre :
Après qu'elle a bien veillé,
La femme devient plus tendre,
Quand l'homme est un peu mouillé.

A quatre, un gigot de six livres,
Chacun trois litres, c'est gentil.
   Mais nous ne sommes pas ivres.
      Nous, ivres !
    Qui le dit a menti.

Ce gueux d'ail, ça vous altère ;
Tout prêt à recommencer,
Me voilà propriétaire
D'une soif à tout casser.
Que la noce soit complète !
Demain chaque compagnon
Reprend du poil de la bête,
Après la soupe à l'oignon.

A quatre, un gigot de six livres,
Chacun trois litres, c'est gentil.

Mais nous ne sommes pas ivres.
Nous, ivres !
Qui le dit a menti.　　　　*Bis.*

ASSEZ DE CHANSONS

Air de Mme Favart.

Assez de chansons !... Mais il semble
Que ce signal vient un peu tôt.
Nous trinquons, nous rions ensemble :
Pourquoi ce singulier veto ?
Autour de ce joyeux asile
Qui sait si, l'œil plein de soupçons,
Ne rôde pas quelque Basile !
Mes amis, assez de chansons.　　　　*Bis.*

Si c'est le bon vin qui ranime,
On s'enivre aussi de chanter ;
Or nous courons vers un abîme ;
Sachons à temps nous arrêter.
Dans notre élan trop poétique,
Bientôt, grâce à nos échansons,
Nous allions parler politique.
Mes amis, assez de chansons.

L'espérance, folle utopie
Qui leurre encor le genre humain !
Le bonheur que notre œil épie
Est toujours pour le lendemain.

La foi, déçue, a beau renaître :
L'avenir dont nous nous berçons,
Quand viendra-t-il ? Jamais, peut-être.
Mes amis, assez de chansons.

Notre histoire récente est faite
De regret et de repentir ;
Chaque jour amène la fête
Soit d'un bourreau, soit d'un martyr.
Pour tout homme, s'il est sincère,
Un nom qu'au hasard nous plaçons
Rappelle un triste anniversaire.
Mes amis, assez de chansons.

Un nuage né du cigare
Nous entoure de tous côtés.
Ce voile, où la pudeur s'égare,
Sert de gaze à nos crudités.
Mais on sait ce que parfois coûtent
Des couplets vifs ou polissons,
Et puis nos enfants nous écoutent.
Mes amis, assez de chansons.

Enfin voilà minuit qui sonne :
Notre verve doit s'épuiser ;
D'ailleurs, c'est l'instant où personne
N'a plus le droit de s'amuser.
Célébrons le pape ou Glycère :
Les refrains qu'au ciel nous lançons
Feraient venir le commissaire.
Mes amis, assez de chansons.   *Bis.*

LA CONVERSION

Air des Vieux souvenirs (DEBRAUX).

Assez longtemps dans une folle ivresse
J'ai gaspillé les plus beaux de mes jours.
Je fuis le bal, et je cours à la messe :
Comme d'autels je changerai d'amours.
Demain je prends un front grave et sévère ;
Au lieu de vin, c'est de l'eau que je bois....
En attendant, remplissez bien mon verre :
Trinquons ce soir pour la dernière fois.

Adieu vous dis, ô muses libertines,
Qui m'inspiriez de profanes accents.
Loin d'Apollon je puis chanter matines,
Et Jupiter n'aura plus mon encens.
Pour le désert sans regret je vous quitte ;
De chapelets je me charge les doigts.
Diable trop vieux, je me fais jeune ermite :
Je chante, amis, pour la dernière fois.

Oui, j'en conviens, un orgueil ridicule
Me fit railler des peuples à genoux ;
Mais le saint-père a saisi sa férule,
Et j'ai compris sa tendresse pour nous.
La liberté n'est plus qu'aux bords du Tibre :
Le Vatican a de si douces lois !
Rêves trompeurs, qui berciez un cœur libre,
Je pense à vous pour la dernière fois.

Quand tout s'épuise, et les sens et la caisse,
De nos péchés l'âge vient nous punir.
Mon confesseur dit que le jeûne engraisse;
Mais les écus voudront-ils revenir ?
Vois à quel prix notre folie achète
Ces faux plaisirs qu'à ton amour je dois !
Une heure encor caressons-nous, Lisette :
J'aime aujourd'hui pour la dernière fois.

Imitez-moi : que pour plaire à l'Eglise,
La lourde prose exile les bons vers.
Dans mes écrits l'esprit n'est plus de mise;
J'ai pour parrains les saints de l'*Univers*.
Sous leurs pavots quand ma vigueur s'énerve,
Ces fiers pantins, qui tremblaient à ma voix,
Ne craindront plus de rallumer ma verve :
Je ris des sots pour la dernière fois.

LES AMIS DE LA CHANSON

Air de *Béranger et l'Académie*.

A-t-il dit vrai, le poëte au cœur tendre ?
Quoi ! Jusque-là mes vers ont retenti !
N'en doutons plus : oui, je crois les entendre.
Ce cher Gauthier ne m'aurait pas menti.
Comment presser tant de mains fraternelles,
Lorsque mes pas sont ici retenus ?
O ma chanson, déploie encor tes ailes :
Va saluer mes amis inconnus.   *Bis.*

Le temps est grave, et tu deviens moins gaie,
Et tu voudrais te reposer déjà ;
Et cependant ta verve fatiguée
Doit un sourire à qui te protégea.
De ce foyer les vives étincelles
Réchaufferont tes airs souvent trop nus.
O ma chanson, déploie encor tes ailes :
Va saluer mes amis inconnus.

C'est vainement que les soucis moroses
A nous glacer se montrent toujours prompts.
Leurs fraîches voix chantent encor les *Roses* ;
Il a neigé, mais non pas sur leurs fronts.
De leur gaieté sème quelques parcelles
Dans l'atelier des courageux canuts.
O ma chanson, déploie encor tes ailes :
Va saluer mes amis inconnus.

Tressez pour moi la couronne de lierre :
C'est de ces murs où préluda Dupont,
C'est de Lyon, l'active fourmilière,
Qu'à mes accents leur jeune écho répond.
Chantre des *Bœufs*, à toi les immortelles,
Mais les bravos chez moi sont bien venus.
O ma chanson, déploie encor tes ailes :
Va saluer mes amis inconnus.   *Bis.*

LE BOULEAU

Air nouveau de DARCIER ou du *Départ de Pierre*.

Au pays où le sol ne montre
Que neige et deuil, et glace et mort,
Le dernier arbre qu'on rencontre
En montant vers le pôle nord,
C'est le bouleau, roi sans partage ;
Il est à lui seul sa forêt
Et domine une vaste plage
Où pas un sapin ne vivrait.

    A l'heure où la nuit est sombre,
    Ecoutez au bord de l'eau :
    Ce qui murmure dans l'ombre,
    C'est la chanson du bouleau.   *Bis.*

Debout sur le rocher qu'il creuse,
Il brave les efforts du temps.
Son essence est si vigoureuse
Qu'il grandit jusqu'à soixante ans.
Ferme et vaillant sous la tempête,
C'est à peine encor si plus tard
Un siècle pesant sur sa tête
Courbe le robuste vieillard.

    A l'heure où la nuit est sombre,
    Ecoutez au bord de l'eau :
    Ce qui murmure dans l'ombre,
    C'est la chanson du bouleau.

Sa racine drageonne et trace,
Et sous ses rameaux triomphants
Surgit, pour propager sa race,
Une pépinière d'enfants.
Quand le vent agite ses branches,
Le poëte qui va songeant
Ne sait, à voir ces feuilles blanches,
Si c'est du givre ou de l'argent.

 A l'heure où la nuit est sombre,
 Ecoutez au bord de l'eau :
 Ce qui murmure dans l'ombre,
 C'est la chanson du bouleau.

Peu jaloux du tremble ou du frêne,
Et mieux qu'eux abritant les nids,
Le bouleau seul a plus de graine
Que dix peupliers réunis.
Avant que l'hiver nous inonde,
On voit s'envoler par les airs
Sa semence dure et féconde
Qui repeuplera les déserts.

 A l'heure où la nuit est sombre,
 Ecoutez au bord de l'eau :
 Ce qui murmure dans l'ombre,
 C'est la chanson du bouleau.

Mais enfin il tombe. A ta tâche,
Homme du nord ! Va : que crains-tu ?
Fends, scie et taille sans relâche
Le géant sur l'herbe abattu.
De cet arbre, que la nature
Livre à ton bras par trahison,

Fais des timons pour la voiture
Et des balais pour la maison.

> A l'heure où la nuit est sombre,
> Ecoutez au bord de l'eau :
> Ce qui murmure dans l'ombre,
> C'est la chanson du bouleau.

L'hiver ferme porte et fenêtre,
Et la bise ébranle nos toits :
Aussi bien que le bois du hêtre
Le bouleau réchauffe nos doigts.
Et si l'aubier dans l'âtre fume,
L'écorce enlevée à sa chair
Dégraisse, unit, tanne et parfume
Le cuir que Moscou vend si cher.

> A l'heure où la nuit est sombre,
> Ecoutez au bord de l'eau :
> Ce qui murmure dans l'ombre,
> C'est la chanson du bouleau.

Au printemps sa sève abondante
Se recueille à trois pieds du sol.
Le jus dans la cuve fermente
Et se transforme en alcool.
Le Russe en boit, perd l'équilibre ;
Il est ivre, il oublie, il dort.
Il est heureux : il se croit libre...
Au réveil, le knout et la mort !

> A l'heure où la nuit est sombre,
> Ecoutez au bord de l'eau :
> Ce qui murmure dans l'ombre,
> C'est la chanson du bouleau. *Bis.*

LES AIMEUSES

A Eugène Baillet

Air du Chanvre.

Biches folâtres ou rêveuses,
Malheur aux daims que nous charmons !
Le monde nous appelle aimeuses :
    Eh bien ! aimons.

Nous n'allons pas, pour nos familles,
Suant l'été, gelant l'hiver,
Disputer, comme tant de filles,
Maigre vivre et mince couvert.
Morale ?... Assez ! Pudeur ?... Bêtise !
La sphère où nous nous enfermons
N'admet pas cette marchandise.
— Et que faites-vous ? — Nous aimons !

Biches folâtres ou rêveuses,
Malheur aux daims que nous charmons !
Le monde nous appelle aimeuses :
    Eh bien ! aimons.

Les juifs avaient leurs Madeleines ;
Les fils d'Homère, leurs Phrynés :
Délaçons pour tous les baleines
De nos corsets capitonnés.
Rousses, blondes, brunes ou noires,
Sous tous les poils, sous tous les teints,
Qu'il pourrait raconter d'histoires,
Le cercle de nos yeux éteints !

Biches folâtres ou rêveuses,
Malheur aux daims que nous charmons!
Le monde nous appelle aimeuses :
　　Eh bien! aimons.

Pauvres épouses légitimes,
Vos maris sont las de sermons.
Avec vos grands airs de victimes,
Faites-les fuir : nous les plumons.
Vous nous appelez impudiques :
Ingrates! que diriez-vous donc
Des tendresses peu platoniques
D'Alexis et de Corydon?

Biches folâtres ou rêveuses,
Malheur aux daims que nous charmons!
Le monde nous appelle aimeuses :
　　Eh bien! aimons.

L'agréable enfonce l'utile :
Pour nous que de travaux forcés!
Notre atelier, c'est la grand ville;
Nos outils, vous les connaissez.
De regrets le cœur économe
Se donne et se prend tour à tour.
L'art avant tout; qu'importe l'homme!
Ce que nous aimons, c'est l'amour.

Biches folâtres ou rêveuses,
Malheur aux daims que nous charmons!
Le monde nous appelle aimeuses :
　　Eh bien! aimons.

Vient l'âge et ses métamorphoses :
La laideur !... Mieux vaut le trépas.
Hélas ! que deviennent les roses ?
Nous le savons : n'en parlons pas.
Imitant nos frasques fameuses,
Lorsque nos yeux seront fermés,
Nos filles seront des almeuses ;
Pour nos fils, ils seront... aimés.

Biches folâtres ou rêveuses,
Malheur aux daims que nous charmons !
Le monde nous appelle almeuses :
  Eh bien ! aimons.

LE RAT DU SEPTIÈME LÉGER

Air *de Chauvin.*

C'était un rat de noble mine,
Digne du crayon de Callot ;
Il égayait notre cantine
Par sa malice et son grelot.
La tête haute et l'œil farouche,
Il semblait dire à l'étranger :
Au large ! et malheur à qui touche   } *Bis.*
Le rat du Septième Léger!

Gaspard, luron des moins novices,
Avait reçu de durs accrocs.
De glorieuses cicatrices
Chevronnaient le cuir du héros.
Car ce preux sans peur et sans tache
Faisait toujours face au danger.

Comme il retroussait sa moustache,
Le rat du Septième Léger !

Dans sa jeunesse scélérate,
De mainte belle il fut vainqueur,
Et même de plus d'une rate
Il abusa le tendre cœur.
L'impuissance rend hypocrite :
A son salut il faut songer ;
Et de diable il se fit ermite,
Le rat du Septième Léger.

Il accueillait d'un regard crâne
L'aumônier et son ton fervent ;
Il savait bien que la soutane
Cache des griffes trop souvent.
Non que sa majesté ratière
Ne daignât parfois déroger :
Il courtisait la vivandière,
Le rat du Septième Léger.

De Gaspard l'humeur fraternelle
Ne connaissait pas la fierté :
Il prenait part à la gamelle,
Doux emblème d'égalité.
Sans peine il vous tendait la patte,
N'eussiez-vous qu'un os à ronger.
Il n'était pas aristocrate,
Le rat du Septième Léger.

Au dortoir, lorsque la veilleuse
Par intervalles pâlissait,

Comme une ombre mystérieuse,
Gaspard passait et repassait.
Et la troupe, au repos livrée,
Murmurait : Laissons voyager
Le lutin de notre chambrée,
Le rat du Septième Léger.

Est-il sur terre un bien durable ?
Un jour il ne reparut pas.
La compagnie inconsolable
Donna des pleurs à son trépas.
Sans doute, comme un vieux caniche,
Il craignit de nous affliger,
Et rendit l'âme dans sa niche, } *Bis.*
Le rat du Septième Léger.

LAISSEZ PASSER LA JUSTICE DE DIEU

Air *de la Fête du bon Dieu.*

Chaque palais illumine son dôme ;
Le vin circule aux magiques clartés ;
C'est aujourd'hui grande orgie à Sodome ;
Enivrez-vous d'étranges voluptés...
Le soufre pleut : la fête sépulcrale,
Se débattant dans un fleuve de feu,
Crache un blasphème avec son dernier râle.
Laissez passer la justice de Dieu !

L'Europe a vu sous la pourpre romaine,
Où trop longtemps la foudre l'oublia,

Un homme, un prêtre, un tigre à face humaine
S'enorgueillir du nom de Borgia.
Parmi les rois sa tiare était haute;
Mais l'assassin qui souillait le saint lieu
Boit le poison préparé pour son hôte;
Laissez passer la justice de Dieu!

Il vient une heure où le passé se juge;
Quatre-vingt-neuf, jour d'espoir et d'effroi!
Le peuple à flots, comme un vivant déluge,
Bat en hurlant le char d'un faible roi.
En vain ce roi conjure la tempête;
Dans cet abîme où roule son essieu,
Sans le combler, il jettera sa tête.
Laissez passer la justice de Dieu!

Pour arguments prends le fer et la flamme,
Inquisiteur; frappe au nom du Très-Haut.
Tuant le corps pour purifier l'âme,
Fais de l'autel un pieux échafaud;
Et saisissant les torches funéraires,
L'Espagne, un jour, dans un terrible jeu,
Sur leurs bûchers brûlera les bons frères.
Laissez passer la justice de Dieu!

Le crime ainsi trouve partout sa tombe.
Peuples et rois, monstres, fléaux, tyrans,
Au droit vengé doivent une hécatombe,
Et le trépas nivelle tous les rangs.
Aux grands forfaits le vulgaire pardonne;
Mais des pervers la grandeur dure peu.
Entendez-vous la voix du Temps qui tonne?
Laissez passer la justice de Dieu!

LE CHASSELAS

A Joseph Duval

Air nouveau de DARCIER.

Chasselas au grain velouté,
Cep noueux qu'autrefois mon père
Devant sa chaumière a planté,
Mes fils te trouveront prospère.

Ta séve dort dans le bourgeon :
Avant que le printemps l'éveille,
J'apporte l'osier et le jonc
Trempés d'avance pour ma treille.
A l'œuvre, la serpette en main :
Qu'avec soin le pied se laboure.
Qui sait ? l'eut-être dès demain
Verrons-nous éclater ta bourre.

Chasselas au grain velouté,
Cep noueux qu'autrefois mon père
Devant sa chaumière a planté,
Mes fils te trouveront prospère.

Quand je te soumets au niveau,
Chaque débris que je mutile
Peut reproduire un cep nouveau,
Autant que toi sain et fertile.
Non ! recueillons ce bois trop vert ;
Gardons-en les moindres parcelles,

Pour parer l'âtre, aux soirs d'hiver,
De tes joyeuses étincelles.

Chasselas au grain velouté,
Cep noueux qu'autrefois mon père
Devant sa chaumière a planté,
Mes fils te trouveront prospère.

Près de toi voltige un oiseau ;
Comme un vieil ami tu l'accueilles :
Ouvrant ton verdoyant réseau,
Tu lui fais un nid sous tes feuilles.
J'entends sous les filets de crin
Les guêpes et leur sourd murmure,
Et je vois pendre au même brin
Grappe vivante et grappe mûre.

Chasselas au grain velouté,
Cep noueux qu'autrefois mon père
Devant sa chaumière a planté,
Mes fils te trouveront prospère.

Quand je mesure, plein d'espoir,
Ma récolte sur ta souffrance,
A ton frère le raisin noir
Aurais-tu légué ta vengeance ?
Le cruel ne pardonne point :
C'est par lui qu'après chaque automne
Les chansons et les coups de poing,
Ivres, s'élancent de la tonne.

Chasselas au grain velouté,
Cep noueux qu'autrefois mon père

Devant sa chaumière a planté,
Mes fils te trouveront prospère.

Mes fils ! Eh ! n'est-ce pas pour eux
Qu'avec tant d'amour je t'élève ;
Que ta racine au sol pierreux
Puise une riche et forte séve ;
Que sur mon mur tes bras en croix
Saignent sous le fer qui t'émonde !
Quand je te taille, ami, je crois
Voir souffrir le sauveur du monde.

Chasselas au grain velouté,
Cep noueux qu'autrefois mon père
Devant sa chaumière a planté,
Mes fils te trouveront prospère.

Mais le vent, soufflant du ravin,
Apporte la première brume,
Et les rouges teintes du vin
Couvrent ta feuille qui s'enrhume.
Tout berceau présage un cercueil ;
Dans ta parure ainsi fanée
Que dois-je lire, joie ou deuil ?...
Hélas, c'est la mort de l'année.

Chasselas au grain velouté,
Cep noueux qu'autrefois mon père
Devant sa chaumière a planté,
Mes fils te trouveront prospère.

COLÉOPTÈRE

Air *des Deux gendarmes.*

— Coléoptère, disait Chose,
Grand sachem d'un petit journal,
Je veux me payer de ta prose ;
On est las du style banal ;
Prends un bain ; mon large voltaire
A deux bras pour toi va s'ouvrir.
— Me baigner ? dit Coléoptère ;
Me baigner ! J'aime mieux mourir. } *Bis.*

— Coléoptère, as-tu des drames ?
Je te les joue au moins six mois.
As-tu des romans, plein des rames ?
Je les publie, avec des bois.
Prends un bain, et ton front austère
Verra ses lauriers refleurir.
— Me baigner ? dit Coléoptère ;
Me baigner ! J'aime mieux mourir.

— Coléo, dit une excellence,
Toi qui fus le preu des lézards,
Le pays t'attend : je te lance
Droit à la tête des Beaux-Arts.
Prends un bain, puis au ministère
Tout de ce pas tu peux courir.
— Me baigner ? dit Coléoptère ;
Me baigner ! J'aime mieux mourir.

— Coléoptère, dit Guiguite,
Tu me plais, et, ma foi, je veux

Passer, en séance gratuite,
Mes doigts blancs dans tes noirs cheveux.
Prends un bain : ce soir, sans mystère,
A toi l'amour viendra s'offrir.
— Me baigner? dit Coléoptère ;
Me baigner! J'aime mieux mourir.

— Coléo, dit Fauvel, un sage
Qui parle toujours sans railler,
Ta peau mue, et c'est grand dommage
De te voir ainsi t'écailler.
Prends un bain : ton mal, qu'il faut taire,
Par l'eau seule doit se guérir.
— Me baigner? dit Coléoptère ; } *Bis.*
Me baigner! J'aime mieux mourir.

LE POMMIER MORT

Air *nouveau de* Darcier.

Comme un ami ton vieux maître te pleure,
Mon cher pommier, mon pauvre Jean-Huré.
Jamais, je crois, vienne ma dernière heure,
Autant que toi je ne serai pleuré.

Dès le printemps, le soir, chaque dimanche,
Sous tes rameaux le village dansait :
Là, je vis Rose avec sa robe blanche,
Et le curé bientôt nous unissait.

Que de poinçons, de foudres et de tonnes
Tu m'as remplis de tes sucs bienfaisants !

Tes bras ployaient lorsque tous les automnes
Ils me tendaient ma boisson de deux ans.

Quand gémissait le vieux pressoir de chêne,
Je calculais, le gosier altéré,
Que, grâce à toi, ma sacoche était pleine
D'écus brillants comme ton fruit doré.

Autour de l'âtre où flambait la fougère,
Humble foyer des pauvres visité,
Le grand pot brun de notre ménagère
Versait à flots le rire et la santé.

Le pichet trotte, échauffant veuve et fille ;
Le cidre doux enhardit chaque amant :
Plus d'un poupon par le jus qui petille
S'est trouvé fait sans qu'on sût trop comment.

Je m'étais dit : Sous cet épais feuillage,
Où tout gamins nous gambadions en rond,
Un jour viendra que, pour leur mariage,
Mes gars joufflus à leur tour danseront.

Car ta jeunesse était drue et féconde,
Et moi toujours bien dispos, Dieu merci ;
Et j'espérais qu'entrés ensemble au monde,
Nous quitterions la vie ensemble aussi.

Mais l'âge vient : tout s'en va, sève et force.
Vieillard jaloux, le Temps est ton vainqueur.
L'avide mousse a mordu ton écorce ;
Le gui s'y plante et te ronge le cœur.

Ah! que n'ai-je eu pareille destinée!
Quand si longtemps le sort nous fit égaux,

Me faudra-t-il, dans notre cheminée,
Voir des ingrats te brûler en fagots?

Comme un ami ton vieux maître te pleure,
Mon cher pommier, mon pauvre Jean-Huré.
Jamais, je crois, vienne ma dernière heure,
Autant que toi je ne serai pleuré.

LE SUREAU

Air *nouveau de* Joseph DUVAL.

Compagnons, en vidant un broc
Autour de la table de frêne,
Chantons ensemble le sureau,
Ses feuilles, ses fleurs et sa graine.

Lorsque l'hiver finit son cours,
Dans nos buissons, sur nos tonnelles
Sa feuille, annonçant les beaux jours,
S'éveille avant les hirondelles;
Eclose dès le mois d'avril
Sous le duvet qui la décore,
Elle brille avec le grésil,
Quand le lilas bourgeonne encore.

Compagnons, en vidant un broc
Autour de la table de frêne,
Chantons ensemble le sureau,
Ses feuilles, ses fleurs et sa graine.

Que la rose, que le jasmin,
Fiers d'une senteur pénétrante,

Quand il fleurit sur leur chemin,
Raillent son ombelle odorante;
Mais aux premiers jours du printemps,
A son pied la mousse discrète
Abrite contre les autans
La jacinthe et la violette.

Compagnons, en vidant un broc
Autour de la table de frêne,
Chantons ensemble le sureau,
Ses feuilles, ses fleurs et sa graine.

Sur son dôme bien étagé
Quand les corolles sont ouvertes,
Il semble alors qu'il ait neigé
Sur ces fleurs hier toutes vertes.
Il égaie et guérit les yeux :
La prévoyante ménagère
De ces fleurs, trésor précieux,
Tire une liqueur salutaire.

Compagnons, en vidant un broc
Autour de la table de frêne,
Chantons ensemble le sureau,
Ses feuilles, ses fleurs et sa graine.

Tandis que dormaient ses troupeaux,
Un pâtre étendu sous un hêtre,
Pour charmer l'heure du repos,
Prit de lui la flûte champêtre.
Plus tard, un espiègle en sarrau,
Dans sa précocité guerrière,

Dérobait au bois du sureau
L'inoffensive canonnière.

Compagnons, en vidant un broc
Autour de la table de frêne,
Chantons ensemble le sureau,
Ses feuilles, ses fleurs et sa graine.

Sous son feuillage hospitalier
Quand la brume s'est épaissie ;
Comme le fruit du merisier
Quand sa baie est enfin noircie,
Alors, exilés des sillons,
Heureux d'une nouvelle aubaine,
Friquets, moineaux francs, oisillons
A l'envi picorent sa graine.

Compagnons, en vidant un broc
Autour de la table de frêne,
Chantons ensemble le sureau,
Ses feuilles, ses fleurs et sa graine.

CONFIANCE

Air : Laissez reposer le tonnerre.

Crains, tendre fleur, les baisers du serpent :
Quand s'ouvre à l'air ta corolle embaumée,
Reptile impur, il approche en rampant,
Et distille en ton sein sa bave envenimée.
  Souillée ainsi dans ta jeune saison,
  Tu périrais, hélas ! à peine éclose.
    L'envie est un cruel poison :
    Cache ton parfum, pauvre rose. *Bis.*

Auprès du nid qu'ont trahi tes chansons,
Un maraudeur, qui te guette en silence,
Va te ravir, à travers les buissons,
Le fruit de tes amours, ton unique espérance.
Ah ! si tu veux que dans l'ombre et la paix
Puisse grandir ta famille rêvée,
   Au fond du bois le plus épais,
   Faible oiseau, cache ta couvée.

Toi dont l'amour fit un chaste trésor,
Quand ta beauté nous charme et nous attire,
Fuis ce vieillard qui, paré de son or,
Glisse dans ta mansarde un regard de satyre.
Ne livre pas au vent du déshonneur
Ce front candide où l'innocence brille :
   Aux yeux de ce riche sans cœur
   Cache tes attraits, jeune fille.

Gloire à la Muse !... Et pourtant de nos jours
Sous les dédains sa verve est étouffée ;
Et jadis l'Hèbre a reçu dans son cours
Les membres palpitants de notre aïeul Orphée.
Pour l'ignorance exhaler de doux chants ?...
Que notre voix reste plutôt muette !
   Loin des jaloux et des méchants
   Cache bien ta lyre, ô poëte !

Mais qu'ai-je dit ? La crainte de l'écueil
Au matelot ferait déserter l'onde !
J'ai blasphémé : le silence et le deuil
En un morne désert vont-ils changer le monde !

Dieu ne veut pas que l'angoisse et les pleurs
Longtemps encor désenchantent nos âmes,
  Puisqu'il nous a donné les fleurs,
  Les nids, les poëtes, les femmes.

Fleurissez, fleurs, et parfumez nos champs.
Femmes, gardez votre riche parure.
Oiseaux, couvez. Poëtes, que vos chants
Disent l'hymne éternel de la sainte nature.
Courage donc ! En dépit des pervers,
 Accomplissez votre tâche bénie :
  Versez sur ce triste univers
  Espoir, parfum, grâce, harmonie. *Bis.*

QUE DE BEAUX JOURS
N'ONT PAS DE LENDEMAIN

Air *du Sauvage.*

Dans tes souhaits, me disait mon vieux père,
O mon enfant, sache te contenir.
Crains du bonheur la trompeuse chimère.
Fou qui croirait maîtriser l'avenir !
Non, l'avenir, hélas ! n'est à personne.
Le Temps nous guette, et tous, sans examen,
Sa grande faux tour à tour nous moissonne.
Que de beaux jours n'ont pas de lendemain !

Il m'en souvient : de la sombre Bastille,
Jeune, j'ai vu crouler les murs épais :
Comme en nos cœurs, la joie au ciel scintille,
Inaugurant la concorde et la paix...

A cet espoir dis adieu, pauvre France ;
Car sous les plis d'un royal parchemin
S'est aiguisé le fer de la vengeance.
Que de beaux jours n'ont pas de lendemain !

De blanches fleurs l'église est pavoisée,
Et l'encens fume à l'autel radieux.
Les vœux ardents de la pâle épousée,
Encens de l'âme, ont parfumé les cieux.
Mais tout à coup, lorsque le bal s'apprête,
Le glas répond aux cloches de l'hymen :
La mort se dresse au milieu de la fête.
Que de beaux jours n'ont pas de lendemain !

A son foyer lorsque Marat succombe
Sous un couteau par l'enfer suscité,
Le Panthéon reçoit, sublime tombe,
L'ami du peuple et de l'égalité ;
Et d'une main que l'argent anglais souille,
Ce même peuple aux ruisseaux du chemin
Deux ans plus tard traînera sa dépouille.
Que de beaux jours n'ont pas de lendemain !

Honneur à toi, soldat de l'industrie,
Honneur à toi, qui travailles pour tous !
Par tes labeurs enrichis la patrie.
Rends l'univers de ton pays jaloux.
Mais les puissants, quand viendra la vieillesse,
Offriront-ils à ta débile main
L'or que pour eux a sué ta jeunesse ?
Que de beaux jours n'ont pas de lendemain !

Vingt ans entiers, dans ses élans rapides,
Je l'ai suivi, cet empereur géant.
Il court d'un bond d'Arcole aux Pyramides,
Et du Kremlin... aux flots de l'Océan.
Toi qui, fouettant l'Europe épouvantée,
Dictais des lois au pontife romain,
L'exil te cloue au roc de Prométhée.
Que de beaux jours n'ont pas de lendemain !

Videz, mortels, la coupe d'ambroisie.
Déifiez le moderne Veau d'or.
Rêvez amour, puissance, poésie :
Rêvez... tandis que la foudre s'endort.
Sur des tréteaux, bâtissez votre gloire ;
A vos genoux courbez le genre humain ;
Un vil caillou brise un char de victoire.
Que de beaux jours n'ont pas de lendemain !

LE COUCOU

Air *de tous les rondeaux*.

Déjà minuit !... Dans mes veines circule
Un feu sacré dont je veux profiter.
Veiller au lit, n'est-ce pas ridicule ?
Rimons alors ! Mais que vais-je chanter ?

Des vers, sur quoi ? L'amour et la bouteille ?
Or, là-dessus on en a fait beaucoup :
Je vais chanter... celui qui me réveille ;
Je vais chanter... toi, mon pauvre coucou.

Tout son expire en mon quartier paisible,
Et ton bruit seul, du fond de ta prison,
Comme le chant d'une fée invisible,
Anime, égaye et remplit ma maison.

Jamais pour toi bois de rose ou de chêne
N'a façonné de somptueux étui ;
Un clou rouillé suspend ta longue chaîne
Sur mon papier dont la couleur a fui ;

C'est le charron qui fabriqua tes roues,
Et ton aiguille est d'un grossier laiton ;
Pendant l'hiver trop souvent tu t'enroues,
Pendant l'été ta voix change de ton ;

Mais le matin, à l'heure où l'alouette
Chante l'amour tapi dans les moissons,
Ton timbre aimé réveille le poète ;
Et ton tic tac cadence ses chansons.

Ta sœur la montre est volage, indiscrète ;
Elle voltige, elle jase partout,
Et si parfois enfin elle s'arrête,
C'est pour longtemps, hélas ! et Dieu sait où.

On vante fort et la Ville et la Bourse ;
De toi peut-être elles vont faire fi ;
Mais, tu le sais, pour suspendre leur course
Le moindre grain de poussière suffit.

Nul mouvement, dit-on, ne les égale ;
Je le veux bien ; mais ce qui me déplaît,
C'est que sans choix leur aiguille banale
A tout passant montre l'heure qu'il est.

Mais plus intime et non moins régulière,
Quand je poursuis un rêve commencé,
C'est pour moi seul que ta voix familière
Compte les pas du Temps vers le passé.

Le fier clocher pousse jusqu'au nuage
Un carillon en l'honneur de son saint;
Mais que de fois, au moment du carnage,
Sa grande voix s'est changée en tocsin !

Ce triste emploi ne te sourirait guère;
Plus humble aussi, tu sais mieux te borner.
Laisse au beffroi la révolte et la guerre;
Sonne pour moi l'heure du déjeûner.

Au mur voisin, la métallique aiguille,
Vieux souvenir d'un gothique séjour,
Sans mouvement, lorsque le soleil brille,
En lettres d'ombre écrit l'âge du jour.

Mais on ne lit que les heures sereines
Sur ce cadran, qui craint l'obscurité :
Quand l'ami vrai nous aide dans nos peines,
Le faux ami fuit notre adversité.

O mon coucou, tu sais combien je t'aime :
Moi, paresseux, j'oublierais... d'hériter;
J'oublierais tout, jusqu'à mon salut même ;
Je n'oubliai jamais de te monter.

Un jour pourtant, un seul, mais qu'il fut triste !
Un long travail me tint au coin du feu ;
Mes créanciers, dont je dressais la liste,
De cet oubli répondront devant Dieu.

Mais tu renais : dans ma chambre moins sombre,
Tout se réveille et revit à mes yeux ;
Mes blancs rideaux, dissipant la pénombre,
Laissent passer un rayon plus joyeux.

Tant d'amitié sans doute prête à rire,
Et cependant je suis sûr d'être absous,
Quand je dirai — mais devrais-je le dire ! —
Que sur les quais tu m'as coûté... cent sous !

Une heure sonne, et moi je veille encore ;
Mais c'est en vain que ma lampe a pâli :
Bientôt, guidé par ton pôle sonore,
Je m'oriente, et regagne mon lit.

LA RIVALE

Air du *Suicide ou d'Asmodée*.

De ma beauté je me montrais trop fière :
Car il t'a vue avec tes dix-sept ans,
Et son regard, qui te vit la dernière,
A mon été compara ton printemps.
Pardonne-moi si ma douleur s'exhale
Sur cet amour que tu n'as pas cherché.
Je le comprends, ta candeur l'a touché,
Et dans ma sœur je trouve une rivale.
De mon bonheur Dieu voulait me punir : }
Envolez-vous, mes rêves d'avenir. } *Bis.*

Il est trop vrai : l'ingrat qui me délaisse
Vers tes attraits s'envole tout joyeux.

Il t'aime, enfant : jamais autant d'ivresse
A mon aspect n'a brillé dans ses yeux.
Aime-le donc, et puisqu'il t'a choisie,
Fais le bonheur de celui que j'aimais.
Tu ne sais pas, oh ! ne l'apprends jamais !
L'affreux tourment qu'on nomme jalousie.
De mon bonheur Dieu voulait me punir :
Envolez-vous, mes rêves d'avenir.

Ce souvenir est-il une chimère ?
Qui te berça, pleine d'un tendre émoi ?
Qui près de toi remplaça notre mère ?
Tes premiers pas, qui les guida ? C'est moi.
Quand je calmais tes naïves alarmes,
Dans tes beaux yeux, l'as-tu donc oublié ?
Sous mes baisers que de pleurs j'essuyai !...
Et maintenant tu fais couler mes larmes.
De mon bonheur Dieu voulait me punir :
Envolez-vous, mes rêves d'avenir.

Et cependant, même au fond de l'abîme
Où la douleur a plongé ma raison,
De ta beauté puis-je te faire un crime ?
Puis-je nommer mon malheur trahison ?
L'oubli, voilà le seul bien où j'aspire,
Car la vengeance est pour moi sans douceurs.
Comme autrefois ne sommes-nous pas sœurs ?
Je t'aime trop, enfant, pour te maudire.
De mon bonheur Dieu voulait me punir :
Envolez-vous, mes rêves d'avenir.

Mais ta pitié veut finir mon supplice :
A son amour, quoi, tu renoncerais !...

Je ne veux pas d'un pareil sacrifice :
Garde son cœur, laisse-moi mes regrets,
Et si parfois en secret je soupire,
Je me dirai : Je souffre, mais pour eux.
Heureuse encor si je vous vois heureux,
A votre hymen j'essaierai de sourire.
De mon bonheur Dieu voulait me punir :
Envolez-vous, mes rêves d'avenir. } *Bis.*

NOTRE-DAME DU CABARET

A J.-L. Gonzalle

Air *nouveau de* Joseph Duval.

Des savants, buveurs d'eau rougie,
Ont couché sur leur calepin
Toute sa généalogie,
Aussi longue qu'un jour sans pain.
Fi d'un grimoire somnifère !
Un seul mot peut le rendre vain :
Ne sait-on pas qu'elle préfère
Au meilleur cidre un mauvais vin ?
Ève, de pommes trop gourmande,
A bien mérité son arrêt ;
Elle est Française, et non Normande, } *Bis.*
Notre-Dame du cabaret.

Au fond d'une salle enfumée,
Que regretteront nos neveux,
Le tabac, vapeur embaumée,
Monte vers elle avec nos vœux.

Enfouis l'hiver comme en des tombes,
Les buveurs, honteux et chagrins,
Dans ces nouvelles catacombes
Semblent dérober leurs refrains.
Mais le soleil, lampe éternelle,
Aux voûtes du temple apparaît :
On installe sous la tonnelle
Notre-Dame du cabaret.

Nous n'avons pas, comme à l'église,
De beau décor, d'autel galant ;
Sans doute, la nappe est plus bise,
Le vin plus bleu, le pain moins blanc ;
Mais aucun prêtre ne vient boire
Seul, au nom d'un peuple altéré ;
Le pichet sert de saint ciboire,
Et chacun y puise à son gré.
Pour arroser ma gorge aride,
Versez-moi deux doigts de clairet ;
On chante mal, le verre vide,
Notre-Dame du cabaret.

Grâce au progrès, la foi déserte,
Dit-on, nos cerveaux trop étroits :
Pour le genre humain quelle perte !
Les dieux s'en vont comme les rois.
Toujours vierge et jamais martyre,
A tous son culte survivra :
Vers ses autels la soif attire
Quiconque but, boit ou boira.
Oui, bien des gloires sont honnies ;
Oui, tout s'efface et disparaît ;

Mais nous chantons tes litanies,
Notre-Dame du cabaret.

En dépit des anciens oracles,
Qu'on trouve à présent rococo,
Elle opère de vrais miracles
Mieux que la Salette ou Bosco.
Sa puissance, que rien n'arrête,
Et son charme toujours vainqueur
Au plus sage tournent la tête,
Au plus lâche donnent du cœur.
Qui rapproche autour d'une table
Ceux que la haine séparait ?
Qui rend l'avare charitable ?...
Notre-Dame du cabaret.

Entonnant un chœur de louanges,
La foule, au lieu de buis bénit,
Lui consacre, avant les vendanges,
Un cep de grappes tout garni.
Quand l'été desséchait la terre,
Nos aïeux, moins dévots que nous,
Priaient la vierge de Nanterre,
Attendant la pluie à genoux.
Chez nous, qu'un autre feu dévore,
D'un semblable vœu l'on rirait ;
C'est pour du vin que l'on implore
Notre-Dame du cabaret.

Doigts crochus, œil cave et teint jaune,
Le fisc, ennemi de nos pots,
Vient encor d'élargir la zône
Où se récoltent les impôts.

Fuyons ses Argus trop sévères
Et ses gabelous odieux ;
Emportons nos brocs et nos verres,
Comme Énée emporta ses dieux.
Oui, loin de toi, maudite ville,
Nous trouverons quelque forêt,
Pour fêter, fût-ce à Romainville,
Notre-Dame du cabaret ! } *Bis.*

BRISES D'AVRIL

Air : *Salut, Jésus-Christ, roi des Juifs.*

Devant le froid qui les assiége
Les zéphirs se sont envolés.
L'hiver sous des monceaux de neige
Fait craquer les toits désolés.
Vers le ciel l'indigent regarde :
Quand donc le printemps viendra-t-il ?...
Pour égayer l'humble mansarde,
Soufflez, tièdes brises d'avril.

Soufflez ! Que votre chaude haleine
Anime tout germe qui dort.
Semez au sillon de la plaine
Les insectes d'azur et d'or.
Au brin d'herbe Arachné fidèle
Comme un hamac suspend son fil :
Pour nous ramener l'hirondelle,
Soufflez, tièdes brises d'avril.

Là-bas, pour un bien long voyage,
J'ai vu partir nos matelots :

Pauvre mère, reprends courage :
Le printemps calmera les flots.
A ce fils que ton cœur espère
L'onde ne garde aucun péril.
Pour rendre l'enfant à sa mère,
Soufflez, tièdes brises d'avril.

Et toi qui pleures, noble France,
Les fils ravis à ton amour,
Bientôt, terminant leur souffrance,
Va briller l'instant du retour.
Des beaux jours l'aurore fleurie
Mettra fin à plus d'un exil.
Pour consoler notre patrie,
Soufflez, tièdes brises d'avril.

Le sein de l'antique Cybèle,
Qu'échauffe un baiser du soleil,
Promet à la saison nouvelle
Epi fécond et fruit vermeil.
Des amours la troupe éveillée
Prélude à son charmant babil.
Pour peupler de nids la feuillée,
Soufflez, tièdes brises d'avril.

L'hiver, tout est deuil et silence :
Le givre étouffe sous ses pleurs
La verdure avec l'espérance,
La poésie avec les fleurs.
Mais la rose ouvre son calice :
J'ai senti son parfum subtil.
Pour que la chanson refleurisse,
Soufflez, tièdes brises d'avril.

LES CHANSONNIERS

Air : *Ils ont bien vu que j'étais mécontent.*

D'où venez-vous, rimeurs, folles cervelles ?
En modulant sirventes et tensons,
Croyez-vous donc forcer nos escarcelles ?
Un seul écu vaut toutes vos chansons.
— Qu'importe l'or, si nous glanons en route
Le vin, les fleurs, la gloire ou les amours ?
D'où nous venons ? Vous le savez sans doute :
Nous descendons des anciens troubadours.

Nous sommes fils de ces vaillants poëtes
Qui, lyre au dos et rapière au côté,
Seuls, au milieu des nations muettes,
Au nez des grands jetaient la vérité.
Un cœur vaillant est un bel héritage :
N'oublions pas qu'ils chantaient sans détours
La liberté dans un temps d'esclavage :
Nous descendons des anciens troubadours.

Sous divers noms déguisant sa malice,
Barde, jongleur, trouvère ou ménestrel,
Le gai rimeur, sur la piste du vice,
Allait chantant de castel en castel.
Si nos refrains, comme ceux de ces maîtres,
Charment les champs, la ville et les faubourgs,
A notre tour nous deviendrons ancêtres.
Nous descendons des anciens troubadours.

Pour nous surtout, l'or est une chimère :
Fuyons l'orgueil ; songeons au lendemain.

Nous avons vu, Français, plus d'un Homère
Tendre, honteux, sa glorieuse main.
Au chansonnier le siècle est peu propice :
Heureux parfois s'il trouve en ses vieux jours
Un petit coin dans le fond d'un hospice!...
Nous descendons des anciens troubadours.

Du fier palais à l'obscure taverne
Glissant partout quelque couplet malin,
Dans ses aïeux notre chanson moderne
Cite Villon, d'Orléans, Basselin :
Elle a mêlé, fils de Quatre-vingt-treize,
Sa note mâle au bruit de vos tambours.
La paix un jour aura sa *Marseillaise* :
Nous descendons des anciens troubadours.

En avant donc! Qui nous aime nous suive!
Marchons toujours, fût-ce contre le vent.
Doux ou brutal, quel que soit le qui-vive,
Nos voix en chœur répondront : En avant!
A nos accents gracieux ou sévères
Si les échos du passé restent sourds,
Pour l'avenir chantons comme nos pères :
Nous descendons des anciens troubadours.

PIERRE DUPONT

Air *des Souvenirs d'amour.*

Dupont n'est plus, et la Chanson muette
Sans un seul mot le laisserait partir?
Émule obscur, à défaut d'un poëte,
Que mon salut honore le martyr.

Accueillez-moi, lorsque j'ose lui dire,
Au nom de tous, cet adieu, le dernier...
Folle chanson, il faut voiler ta lyre :
Le peuple en deuil pleure son chansonnier. *(Bis.*

Le *Chant du Pain*, sanglante mélopée,
Dont l'écho sourd vibre chez l'ouvrier,
Éclate un soir, sifflant comme une épée,
Avant-coureur du sombre Février.
Lorsque tintait le glas des funérailles
Au toit rustique, au sordide grenier,
Il sonna, lui, le tocsin des batailles.
Le peuple en deuil pleure son chansonnier.

Puis, moins fougueux, mais sans palinodie,
Il célébra *le calme et sa douceur :*
Avec quel charme et quelle mélodie
Il nous chantait *le doux nom de sa sœur !*
De ses couplets, purs de toute satire,
Il n'eut jamais un seul à renier,
Et, proscrit même, il ne sut pas maudire.
Le peuple en deuil pleure son chansonnier.

Qui nous rendra ses touchantes idylles,
Où la gaieté rayonnait sous les pleurs ;
Ses *grands bœufs blancs*, ses horizons tranquilles
Tout parfumés de verdure et de fleurs ?
Prêtant l'oreille à l'éternel murmure,
Des sapins verts à l'oiseau printanier,
Il traduisait l'hymne de la nature.
Le peuple en deuil pleure son chansonnier.

D'autres peindront l'auteur simple et modeste
De cent refrains partout chantés ou lus,

Et cette voix dont le souvenir reste
Aux cœurs amis qui ne l'entendront plus ;
Ce franc regard où la bonté respire,
Mais que l'effroi ne put jamais ployer ;
Ce front rêveur, égayé d'un sourire...
Le peuple en deuil pleure son chansonnier.

Il meurt trop tôt. Le nom de la patrie
Donnait une âme à ses mâles chansons,
Et dans nos sens sa parole aguerrie
Faisait courir de belliqueux frissons :
Ah ! s'il eût vu, sans regrets, sans alarmes,
Tous ces vaillants partir de l'atelier,
Il eût rêvé le succès de nos armes !
Le peuple en deuil pleure son chansonnier. *Bis.*

CHASSE D'HIVER

A Achille Millien

Air *nouveau de* Joseph Duval.

Écoutez : c'est le son du cor :
Dans le bois les échos en grondent.
Pendant qu'il retentit encor,
  Amis, que nos voix lui répondent ;
Amis, que nos voix, que nos voix lui répondent ;
  Amis, que nos voix lui répondent !

Le vieux duc et ses cavaliers,
Bravant la bise qui les glace,

Sous le brouillard, par les halliers,
Dès le matin mènent la chasse
Quand ils arpentent les genêts,
Chez nous, dans une chambre close,
Les pieds tournés vers les chenets.
Tour à tour (*bis*) l'on chante et l'on cause.

Écoutez : c'est le son du cor :
Dans le bois les échos en grondent.
Pendant qu'il retentit encor,
Amis, que nos voix lui répondent ;
Amis, que nos voix, que nos voix lui répondent ;
Amis, que nos voix lui répondent !

Bêtes et gens font leur devoir :
La meute aboie et le cerf brame.
Mais qu'il est facile à prévoir,
Le dénoûment du triste drame !
Ils vont revenir triomphants...
Nous, rêvant des jours plus prospères,
Nous redisons à nos enfants
Les refrains que chantaient nos pères.

Écoutez : c'est le son du cor :
Dans le bois les échos en grondent.
Pendant qu'il retentit encor,
Amis, que nos voix lui répondent ;
Amis, que nos voix, que nos voix lui répondent ;
Amis, que nos voix lui répondent !

J'entends redoubler les abois ;
Le pauvre cerf est en détresse.

O meute féroce, tu bois
Sang et haine jusqu'à l'ivresse.
Que le ciel pardonne aux cœurs durs.
De l'humanité le vrai signe,
Pour nous, ce sont des raisins mûrs :
Nous buvons le sang de la vigne.

Écoutez : c'est le son du cor :
Dans le bois les échos en grondent.
Pendant qu'il retentit encor,
Amis, que nos voix lui répondent;
Amis, que nos voix, que nos voix lui répondent;
Amis, que nos voix lui répondent!

A peine si dans le lointain
Chiens et chasseurs se font entendre.
Dans la plaine le bruit s'éteint;
Dans l'âtre le feu tombe en cendre.
Le vin est tari dans les pots ;
Notre porte est bien verrouillée,
Et voici l'heure du repos.
Il est tard (*bis*) : adieu la veillée!

Écoutez, c'est le son du cor :
Dans le bois les échos en grondent.
Pendant qu'il retentit encor,
Amis, que nos voix lui répondent;
Amis, que nos voix, que nos voix lui répondent;
Amis, que nos voix lui répondent!

LE BOUT DE L'AN D'UN GOGUETTIER

Pot-pourri

AIR : *Toto carabo.*

Écoutez ma préface :
J'ai fait ce pot-pourri
　　Par pari.
Que chacun ainsi fasse
Et traite la chanson
　　Sans façon.
Pour être bien clair,
Je vais sur un air
　　Tantôt vif tantôt lent
Chanter un bout (*ter*) de l'an.

Air : Marchons à la frontière.

Dans les cœurs sans remords,
Loin que le temps l'efface,
Le souvenir des morts
Garde une sainte place.
D'un chansonnier fêtons
Le triste anniversaire... } *Bis.*
Pour rigoler, montons,
Montons au cimetière.

Air de Manon Giroux.

La cohorte fraternelle
　　S'élance aussitôt.

L'un d'un bouquet d'immortelle
   Orne son pal'tot.
Un autre en vain s' déboutonne
   Pour ce soin urgent,
Et dit : J'ach't'rais un' couronne...
   Si j'avais de l'argent.   *Bis.*

Air : Ah ! qu'il est doux de vendanger !

Là, que d'au'eurs on reconnaît !
   Pivot et Robinet,
Jean-le-nain et Bouret encor,
   Lambert dont on se gare :
   Tous chansonniers d'accord,
   Quoiqu' ça soit fièr'ment rare.   *Bis.*

Air du Vieux soldat (MASINI).

C'est là : voyez son humble pierre,
Ses pauvres fleurs, sa vieille croix.
Pour lui ce vert manteau de lierre
Vaut mieux que la pourpre des rois.
Qu'un pieux souvenir y tombe
Aujourd'hui comme l'an dernier.   *Bis.*
Inclinez-vous devant la tombe,
   Devant la tombe   *Bis.*
   Du chansonnier.

Air de l'Aveugle de Bagnolet.

On sort enfin du cimetière.
Ça n'est pas tout ça, dit Poussard ;
Le grand air m'affame et m'altère,
Et puis d'ailleurs il se fait tard :
En avant l'ome'ette au lard !

Pleurons notre ami; mais, que diantre,
La douleur n'emplit pas le ventre.
L'avis est bon, à tous il plaît :
Chez le traiteur du coin l'on entre;
On va se rincer le sifflet
A la porte de Bagnolet.

Air de Béranger et l'Académie.

Nous reverrons et ce temple lyrique
Où son marteau nous guida si souvent,
Et ce bureau d'où son vers énergique
Tonnait, tonnait comme un bronze vivant.
Vous le savez, amis de la goguette,
Nos gais concerts ne sont plus de saison;
Entrez sans bruit, car la rousse nous guette :
Si vous alliez lui montrer la maison !   *Bis.*

Air : Silence !

Silence !   *Ter.*
V'là le r'pas qui commence.
L' salon est p'tit, mais ça n' fait rien :
En se pressant, on n'est pas bien.

Air : Nous ne sommes pas ivres.

Un litron de jus de barrière,
Du pain, un plat de veau rôti
 Ou de lapin de gouttière,
    Gruyère,
  Pour vingt sous, c'est gentil.   *Bis.*

Tout en cassant une croûte,
 Amis, narguons le chagrin.

Avant de nous mettre en route,
Il faut pousser un refrain.
Si la mémoire est rebelle,
Si le gosier est rouillé,
La chanson paraît plus belle
Quand le chanteur est...

Air de Paillasse.

Casquette,   *Bis.*
Dit l' président, et chapeau bas!
On est
Honnête
Ou on n' l'est pas.

Air : Tonton, tontaine, tonton.

L'un prélude comme un aveugle
Qui ne trouve plus son bâton.
Tonton, tonton, tontaine, tonton.
En s'enrouant l'autre qui beugle
Dans son talon cherche son ton.
Tonton, tontaine, tonton.

Air du Grenier.

Mais tout à coup l' président cri' : Silence!
Après avoir fait taire tous les caquets,
Le plus poivraud d' la société commence
Un long discours émaillé de hoquets.
Or écoutons c' morceau d' littérature
Où l'on nous vant' les talents du défunt,
Tandis qu'au ciel l' ragoût et la friture
Comme un encens font monter leur parfum. *Bis.*

Air : Oui, mais il est du reste.

Chansonnier populaire,
Il fut, qu'il dit comm' ça,
Sans crainte et sans colère
Le jour qu'il trépassa ;
Traitant toujours en frère
Le peuple qu'il défend ;
Bon époux et bon père,
Sans femme et sans enfant. }*Bis.*

Air des Bottes de Bastien.

L'ami que nous pleurons encore
Et dont le r'gret nous réunit,
Sans avoir une voix sonore,
Était un goguettier fini.
Il n'était pas des moins despotes,
Et d' son orgueil on se souvient,
Mais...

Air : Mes bons amis, remettons à huitaine.

Mes bons amis, entonnons à sa gloire
Un verr' de bleu, puis le couplet d' rigueur.
Prouvons par là qu' nous avons la mémoire
De l'estomac aussi bien que du cœur.
    Allons, du cœur
    Au chœur ! }*Bis.*

Air : J'en ai mangé.

Mais enfin vient l'instant du compte.
Machin, l'homme aux trente couplets,
Voudrait bien s'esquiver sans honte

Au quart d'heure de Rabelais,
Mais il a peur des camouflets.
Il pense, à chaque sou qu'il tire,
Au menu qu'il a partagé ;
En soupirant, je l'entends dire :
  J'en ai mangé. *Quater.*

  Air : Quel cochon d'enfant !

Le vieux Poussard, qui s' dandine,
  Aussi court que gros,
Est d' bonne humeur tant qu'on dîne
  Et qu'on vid' les brocs.
Mais l' malin, craignant qu'on n' pleure,
  D' peur de s'ennuyer,
S'en va toujours un quart d'heure
  Avant que d' payer. *Bis.*

  Air du Curé de Pomponne.

Bouquet des vins, odeur des mets,
  Quel bon air on respire !
Et quant à moi, je n'ai jamais
  Vu de bout de l'an pire.
Au cabaret, comme au tombeau,
  La gaieté reste en berne ;
Et, loin d'être un bout de l'an beau,
  C'est un bout de l'an terne.

  Air : Amis du pouvoir.

Et vous, chansonniers mes confrères,
  Pardonnez
Si dans ces couplets téméraires,
  Mal tournés,

Moi qui tiens à votre suffrage
    Précieux,
J'ai pu rire d'un vieil usage
    Si pieux.
Quand viendra mon anniversaire
    Redouté,
Entonnez d'une voix sincère
    Ma santé.

    Calme ou turbulent,
    Vive un bout de l'an
    Où la chanson brille !
    On fête en famille,
    Avec la gaieté,
    La fraternité.

DISCOURS DU TRONE
à propos d'une dotation
(1862)

Air : *Combien je regrette.*

Eh quoi, j'apprends que l'on moleste
Mon comte de Palikao !
A le bien renter qu'on soit leste.
Vite en route, et pas de cahot.

    Courbez votre échine,
    Députés taquins,
    Ou, nom d'une Chine,
    Gare à vous, pékins !

Ses exploits bravent la satire,
Car mon œil d'aigle en fut témoin.
Ce n'est pas de lui qu'on peut dire :
A beau mentir qui vient de loin.

> Courbez votre échine,
> Députés taquins,
> Ou, nom d'une Chine,
> Gare à vous, pékins !

Lésiner serait ridicule.
Allons, bâclez-nous cette loi.
Déjà de son petit pécule
Il a si bien trouvé l emploi.

> Courbez votre échine,
> Députés taquins,
> Ou, nom d'une Chine,
> Gare à vous, pékins !

Qu'importe que Picard en grogne !
Montauban, une fois doté,
Comme Haussmann, au bois de Boulogne
Bâtira son palais d'été.

> Courbez votre échine,
> Députés taquins,
> Ou, nom d'une Chine,
> Gare à vous, pékins !

L'hiver, ses heures paresseuses
S'écouleront dans le plaisir ;
Et s'il lui faut quelques danseuses,
Baroche doit les lui choisir.

> Courbez votre échine,
> Députés taquins,
> Ou, nom d'une Chine,
> Gare à vous, pékins !

Si le palais Bourbon se cabre.
Je lui ferai sentir le mors.
De Saint-Arnaud j'ai le grand sabre,
Mes ratapoils ne sont pas morts.

> Courbez votre échine,
> Députés taquins,
> Ou, nom d'une Chine,
> Gare à vous pékins !

Tout est pour le mieux dans ce monde.
Les pessimistes sont des sots.
A Lyon le travail abonde,
A Paris l'or coule en ruisseaux.

> Courbez votre échine,
> Députés taquins,
> Ou, nom d'une Chine,
> Gare à vous, pékins !

Quand votre avarice m'écorne,
Me marchandant un million,
Voyez, on trouve à chaque borne
Des gens morts d'indigestion.

> Courbez votre échine,
> Députés taquins,
> Ou, nom d'une Chine,
> Gare à vous, pékins !

Ne me cherchez donc plus de noises,
Et surtout montrez-vous contents,
Ou comme des ombres chinoises
Je vous fais filer en deux temps.

> Courbez votre échine,
> Députés taquins,
> Ou, nom d'une Chine,
> Gare à vous, pékins !

LE JEU DES DEMOISELLES

A J. Lesguillon

Air nouveau de L. Dénoyer.

En attendant les luttes de l'hymen,
Je voulais voir les filles du village,
Les yeux bandés, des ciseaux à la main,
Briguer le prix d'adresse ou de courage ;
Je cours... Hélas ! on bat le dernier ban ;
Car, dans l'espoir de quelques bagatelles,
La plus heureuse a coupé le ruban.
Il est fini, le jeu des demoiselles.

Triste refrain ! C'est le mot du passé ;
C'est le regret qui flétrit notre vie,
Le souvenir du bonheur effacé,
Quand l'espérance est à jamais ravie.
Le front se penche et devient soucieux
En voyant fuir les heures les plus belles ;

Et l'on se dit, des larmes dans les yeux :
Il est fini, le jeu des demoiselles.

Elle était brune, et nous allions les soirs
Rêver d'amour en causant à voix basse ;
Et dans les miens mirant ses grands yeux noirs,
Elle cambrait et sa taille et sa grâce.
Mais maintenant aux fentes du vieux mur
Nous n'irons plus cueillir les ravenelles :
Vénus rirait d'un Adonis trop mûr.
Il est fini, le jeu des demoiselles.

Ma vue est terne, et mes rares cheveux,
Malgré mes soins, blanchissent avant l'heure ;
Oh ! les ingrats ! et vainement je veux
Les ramener à ce front qui les pleure.
Oui, de ma voix l'écho s'est affaibli
Dans les grands bois où fuyaient les cruelles,
Et dans les cieux mon étoile a pâli :
Il est fini, le jeu des demoiselles.

Combien de fois, depuis, j'ai désiré
M'unir encore à leur gaîté si franche,
Quand au hameau, de bien loin, dans un pré
Je contemplais leurs ébats du dimanche !
Las, j'oubliais qu'un dieu jaloux, le Temps,
Vient d'emporter mon rire sur ses ailes :
Mon froid hiver glacerait leurs vingt ans.
Il est fini, le jeu des demoiselles.

Lorsqu'à l'amour j'ai déjà renoncé,
Sur cette mer si féconde en orages

Irais-je donc, faible et vieux, insensé,
Joindre le mien à tant d'autres naufrages ?
Le pavillon de mon mât vacillant
Retombe inerte, et les vents infidèles
Ne gonflent plus ma voile en y soufflant.
Il est fini, le jeu des demoiselles.

Heureux cent fois qui se plut à tes jeux,
Sexe charmant, jeunesse vive et gaie !
Ton souvenir, dans les jours orageux,
Vient rafraîchir notre âme fatiguée.
Pourquoi gémir ? Le bonheur regretté
Ne revient pas comme les hirondelles.
Pensons plutôt à ce qu'il a coûté.
Il est fini, le jeu des demoiselles.

MARCHE AU CONCOURS

Chant d'orphéon

Musique de MACHARD.

En avant, joyeuse bannière !
    Ton pli mouvant
    Nargue le vent.
Devant nous s'ouvre la carrière ;
Enfants de la lyre, en avant !

En avant, phalanges lyriques !
De l'est à l'ouest, du sud au nord,
Courons aux combats pacifiques
Où préside le bon accord.

En avant, joyeuse bannière !
    Ton pli mouvant
    Nargue le vent.
Devant nous s'ouvre la carrière :
Enfants de la lyre, en avant !

Pour toi, musique révérée,
En fervents pèlerins de l'art,
Toujours de contrée en contrée
Nous promenons notre étendard.

En avant, joyeuse bannière !
    Ton pli mouvant
    Nargue le vent.
Devant nous s'ouvre la carrière :
Enfants de la lyre, en avant !

Ce prix que la victoire apprête,
Qu'il soit chèrement disputé.
Ne chantons pas d'autre conquête
Que la paix et la liberté.

En avant, joyeuse bannière !
    Ton pli mouvant
    Nargue le vent
Devant nous s'ouvre la carrière :
Enfants de la lyre, en avant !

Salut, terre de l'espérance !
Salut, pays hospitalier !
Ici nous retrouvons la France,
La France de notre foyer.

En avant, joyeuse bannière !
    Ton pli mouvant
    Nargue le vent.
Devant nous s'ouvre la carrière :
Enfants de la lyre, en avant !

La lutte est toujours une fête,
Hier vaincus, vainqueurs demain,
Dans la victoire ou la défaite,
A nos rivaux tendons la main.

En avant, joyeuse bannière !
    Ton pli mouvant
    Nargue le vent.
Devant nous s'ouvre la carrière :
Enfants de la lyre, en avant !

L'ENTERREMENT

Air : *V'là c' que c'est qu' d'aller au bois.*

Encore un billet de fair' part :
Qu'est-c' qu'est donc mort ?... c'est l' pèr' Gaspard,
Mon vieux patron d'apprentissage :
    Brave homm', c'est dommage !
    Mais j'aim' le fromage,
J'ai la flême : allons-y gaiement !
    V'là c' que c'est qu'un enterr'ment.

En attendant le corbillard,
L'un fait sa fin' parti' d' billard ;
Un autre, que la soif galope,

En vrai misanthrope,
Va seul boire un' chope.
C'tte boisson pousse au sentiment.
V'là c' que c'est qu'un enterr'ment.

Lentement, d'un pas de docteur,
Arrive enfin l'ordonnateur ;
Et pendant qu' la veuve se lamente,
La foul', mécontente
D'un' grande heur' d'attente,
Sourit à c' fortuné moment.
V'là c' que c'est qu'un enterr'ment.

Si quéqu'fois, par respect humain,
A l'église on s'arrête en ch'min,
Un brave abbé, pour peu de chose,
De peur qu'on n'en glose,
Aux amis propose
D' leur trousser un' mess' lestement.
V'là c' que c'est qu'un enterr'ment.

L' défunt, travaillant comme un chien,
Au prochain f'sait encor du bien ;
Fort mauvais catholique, en somme...
— S'il fut honnête homme,
Mon Dieu, c'est tout comme,
Dit le vicaire adroitement.
V'là c' que c'est qu'un enterr'ment.

Alors le servic' s'accomplit.
Dans not' chapelle on dort ou lit.
Dans un' second', c'est un baptême,

5

　　　　Et dans un' troisième
　　　　Un' noce d' carême.
Chacun a son p'tit boniment.
　　V'là c' que c'est qu'un enterr'ment.

Pauvre épous', j' te vois dans d' beaux draps,
Et c'est p't-êtr' les seuls que t'auras ;
D'ennui déjà ton mari bâille,
　　　　Et le mouch'ron qui braille
　　　　Couvre la bass'-taille.
Le mort seul se tient décemment.
　　V'là c' que c'est qu'un enterr'ment.

De nouveau l' défunt est enl'vé,
Et par un chemin mal pavé
Le cortége arrive au cim'tière,
　　　　Près de l'ancienn' barrière
　　　　Où l'année entière
Saint-Lundi s' fêt' religieus'ment.
　　V'là c' que c'est qu'un enterr'ment.

Là tous les cœurs sont confondus.
On pense à ceux qu'on a perdus ;
On va visiter sa famille,
　　　　Son père ou sa fille,
　　　　Et d' fil en aiguille
Chez l' mann'zingue on rappliqu' vivement.
　　V'là c' que c'est qu'un enterr'ment.

Rentrer avec Mariann' dans l'œil.
Ça n' s'rait pas drôle un jour de deuil.
Mais, sans raisonner comme un livre,

L'homme qui sait vivre
Ne s' montr' jamais ivre.
L' plus sage est un peu poch' seul'ment.
V'là c' que c'est qu'un enterr'ment.

Enfin, charmé d'un si beau jour,
On r'vient en disant : A qui l' tour ?
Sans claquer il vaut mieux que j' fade,
    Dit un camarade ;
    J'offre la salade,
Le veau, l' fromage et l'arros'ment.
V'là c' que c'est qu'un enterr'ment.

LE TEMPS D'AIMER

AIR *nouveau* de Joseph DUVAL

Ou : *Mon cœur a vingt ans pour t'aimer.*

Enfin, après huit jours d'attente,
Je te trouve seule au logis.
Au jardin j'ai laissé ma tante,
Et j'accours... Mais quoi, tu rougis !
Bien courte sera ma visite ;
Tu le sais, on fait ce qu'on peut.   *Bis.*
Allons, ma chère, ouvre-moi vite :
J'ai le temps de t'aimer un peu.   *Bis.*

Pour regarder par la fenêtre,
Tu voudrais quitter mes genoux.
Ton père ! Mais qui sait, peut-être
Fait-il ailleurs tout comme nous.

Aux champs, l'autre soir, avec Rose
Il semblait joliment d'accord.
Dans la grange avec elle il cause :
J'ai le temps de t'aimer encor.

Mais l'heure passe, et la nature
Ne seconde plus mes efforts.
La clé tourne dans la serrure ;
Ton père va rentrer : je sors.
Cache la rougeur qui te couvre ;
Nos cœurs doivent se refermer, } *Bis.*
Car j'entends la porte qui s'ouvre : } *Bis.*
Je n'ai plus le temps de t'aimer.

C'EST AUJOURD'HUI DIMANCHE

Air *de la Ronde des conscrits* (Carrières Montmartre).

Femme, apprête mon habit neuf
   Et ma chemise blanche. } *Bis.*
  Tant pis si dans mon elbeuf
Je suis sanglé comme un bœuf !
    Adieu l'atelier
    Et le tablier : } *Bis.*
  C'est aujourd'hui dimanche.

A Saint-Ouen, je sais un berceau
   Où le sureau se penche ;
Quand on y mange un morceau,
Le vin se boit à plein seau ;
   S'il est un peu vert,
   Et le veau trop cher,
C'est aujourd'hui dimanche.

Pour que le festin soit plus long,
 Ajoutons-y l'éclanche.
On pourra, dès le melon,
Desserrer son pantalon ;
  Pour nous, Dieu merci,
  Pas de gêne ici :
C'est aujourd'hui dimanche.

Le vin qui tape le cerveau
 En gros rire s'épanche.
L'un chante un refrain nouveau,
L'autre un vieil air du Caveau ;
  Blondin ou grison,
  On perd la raison ;
C'est aujourd'hui dimanche.

Aux rauques accords de l'archet,
 Fier, et poing sur la hanche,
Un maçon, que le pichet
Rend coulant sur le cachet,
  Avec sa dondon
  Pince un rigaudon :
C'est aujourd'hui dimanche.

On dirait du bruit d'un baiser
 Derrière cette branche...
Chut ! est-ce à nous de jaser ?
Pourquoi nous scandaliser ?
  Soyons indulgents
  Pour les jeunes gens :
C'est aujourd'hui dimanche.

Il faut nous remettre en chemin, } *Bis.*
　Car toute soif s'étanche.
Partons, la main dans la main ;
Nous travaillerons demain,
　　Ou plutôt mardi ; } *Bis.*
　Pour nous le lundi
C'est encore un dimanche.

MON PAUVRE VILLAGE

Air *nouveau* ou : *Petit enfant.*

Folâtre enfant, quand le printemps caresse
La jeune plante échappée aux hivers,
Je parcourais, dans ma joyeuse ivresse,
De mon pays les chemins toujours verts :
Et je lançais, au début du voyage,
Vers le ciel bleu mes refrains ingénus.
Dans les sentiers de mon pauvre village,
J'allais chantant, et je marchais pieds nus.

Le vague espoir qui jadis m'a bercée
En souriant me trompait, je le vois :
Il égarait mes pas et ma pensée,
Mais dans mon cœur l'amour était sans voix.
Ardents désirs, qui couvez sous l'orage,
Aux cœurs naïfs vous êtes inconnus.
Dans les sentiers de mon pauvre village,
J'allais chantant, et je marchais pieds nus.

Ruisseau jaseur dont j'aimais le murmure ;
Arbres pensifs au feuillage mouvant ;

Treille où pour moi pendait la grappe mûre;
Échos des bois que m'apportait le vent;
De mon éden doux et triste mirage,
Rêves charmants, qu'êtes-vous devenus?...
Dans les sentiers de mon pauvre village,
J'allais chantant, et je marchais pieds nus.

LES HANNETONS

Air nouveau de J. Darcier.

Hannetons,
Faibles avortons,
Vous êtes de singuliers êtres.
D'être grands quand nous nous vantons,
Nous mentons;
Car vous serez toujours nos maîtres.
Nous vous garottons,
Nous vous maltraitons...
Nous vous regrettons!
Hannetons,
Faibles avortons,
Nous vous regrettons,
Hannetons!

Ils ont des fleurs en abondance.
Sur un orme leur pain mûrit.
Jamais, même aux jours de bombance,
Le vin ne leur troubla l'esprit.
L'amour est leur unique ivresse;
Et, pour semer leurs rejetons,
— A quoi pensent les hannetons! —
Ils n'ont qu'une seule maîtresse.

Hannetons,
Faibles avortons,
Vous êtes de singuliers êtres.
D'être grands quand nous nous vantons,
Nous mentons ;
Car vous serez toujours nos maîtres.
Nous vous garottons,
Nous vous maltraitons...
Nous vous regrettons !
Hannetons,
Faibles avortons,
Nous vous regrettons,
Hannetons !

Dans leurs tendresses éphémères,
Que le bon Dieu bénit gratis,
Ils n'ont jamais connu leurs mères,
Ils ne connaîtront pas leurs fils.
Sevrés de nos grandeurs humaines,
Ils poursuivent comme à tâtons
— A quoi pensent les hannetons ! —
Leur avenir... de trois semaines.

Hannetons,
Faibles avortons,
Vous êtes de singuliers êtres.
D'être grands quand nous nous vantons,
Nous mentons ;
Car vous serez toujours nos maîtres.
Nous vous garottons,
Nous vous maltraitons...
Nous vous regrettons !

　　　　Hannetons,
　　　Faibles avortons,
　　Nous vous regrettons,
　　　　Hannetons !

Ils volent, libres et sans gêne ;
Et s'abattent quand ils sont las,
Moins vêtus que feu Diogène,
Sur nos rosiers, sur nos lilas.
Mais l'effronterie a des bornes :
Montrons-nous ce que nous portons ?
— A quoi pensent les hannetons ! —
En public ils sortent leurs cornes !

　　　　Hannetons,
　　　Faibles avortons,
Vous êtes de singuliers êtres.
D'être grands quand nous nous vantons,
　　　Nous mentons ;
Car vous serez toujours nos maîtres.
　　　Nous vous garottons,
　　　Nous vous maltraitons...
　　　Nous vous regrettons !
　　　　Hannetons,
　　　Faibles avortons,
　　Nous vous regrettons,
　　　　Hannetons !

Chez ces humbles coléoptères
Rome et Clichy sont inconnus ;
Pas d'avocats, pas de notaires ;
Pas de pauvres marchant pieds nus ;

Pas de bourses ni de conclaves,
De prêtres ni de marmitons ;
— A quoi pensent les hannetons ! —
Pas de souverains ni d'esclaves.

  Hannetons,
   Faibles avortons,
Vous êtes de singuliers êtres.
D'être grands quand nous nous vantons,
   Nous mentons ;
Car vous serez toujours nos maîtres.
   Nous vous garottons,
   Nous vous maltraitons...
   Nous vous regrettons !
  Hannetons,
   Faibles avortons,
   Nous vous regrettons,
   Hannetons !

Comme l'abeille et la cigale,
D'un peu de miel ils sont contents.
Leur humeur est toujours égale :
Haïr ? Ils n'en ont pas le temps.
Ils se brûlent à nos chandelles ;
Ou, happés par des becs gloutons,
— A quoi pensent les hannetons ! —
Ils pardonnent aux hirondelles.

  Hannetons,
   Faibles avortons,
Vous êtes de singuliers êtres.
D'être grands quand nous nous vantons,

Nous mentons ;
Car vous serez toujours nos maîtres.
Nous vous garottons,
Nous vous maltraitons...
Nous vous regrettons !
Hannetons,
Faibles avortons,
Nous vous regrettons,
Hannetons !

LE PARC

Air nouveau.

Hé, gars ! — Quoi, vieux ! — Quitte ta paille ;
Viens me donner un coup de main.
Avant que le soleil s'en aille,
Retournons le parc pour demain.
— Gars, c'est le fils. Vieux, c'est le père ;
Ils gardent tous deux le bétail.
Rarement vit-on telle paire
De compagnons pour le travail.

Toujours veillant à la besogne,
Un ciel sombre ou clair, voilà notre toit.
Mais la nuit tombe, et le chien grogne ;
Allons, Pataud, tais-toi !

Dépêchons-nous : voici la brune,
Et bientôt le ciel sera noir.
Ne comptons pas trop sur la lune :
Elle est paresseuse ce soir.

Pour que le maigre pré qu'il broute
Dans un mois soit prêt au labour,
Le troupeau doit, coûte que coûte,
Fumer ses trois perches par jour.

Toujours veillant à la besogne,
Un ciel sombre ou clair, voilà notre toit.
Mais la nuit tombe, et le chien grogne ;
Allons, Pataud, tais-toi !

Le fils de la ferme voisine,
Quand je passe avec le messier,
A l'aspect de ma limousine
Se sauve en criant au sorcier.
Car on me redoute ou me raille,
Et par le hameau si je sors,
Tous les gamins, sotte marmaille,
Vont m'appelant jetteur de sorts.

Toujours veillant à la besogne,
Un ciel sombre ou clair, voilà notre toit.
Mais la nuit tombe, et le chien grogne ;
Allons, Pataud, tais-toi !

Jetteur de sorts ! Je voudrais l'être ;
Que je donnerais de bon cœur
Un peu plus de douceur au maître,
De patience au travailleur !
Dans la rue, au bout du village,
Je sais des gens bien malheureux :
Si des sorts j'avais le partage,
J'en garderai un bon pour eux.

Toujours veillant à la besogne,
Un ciel sombre ou clair, voilà notre toit.
　Mais la nuit tombe, et le chien grogne ;
　　Allons, Pataud, tais-toi !

Dès que le renouveau visite
Les murs où j'étouffe l'hiver,
Avec mes moutons, au plus vite,
J'entre en plaine et me mets au vert.
Au lieu du grenier, vilain bouge
Où je couche avec des valets,
Ma maison de bois peinte en rouge
Me fait libre et vaut un palais.

Toujours veillant à la besogne,
Un ciel sombre ou clair, voilà notre toit
　Mais la nuit tombe, et le chien grogne ;
　　Allons, Pataud, tais-toi !

Bon. Le parc a changé de place :
Claie à claie il est retourné :
Le loup, s'il se mettait en chasse,
Ne saurait où fourrer son nez.
Dormez en paix, bêtes à laine,
A moins qu'avec son bruit d'enfer
Ne passe cette nuit en plaine
Un convoi du chemin de fer.

Toujours veillant à la besogne,
Un ciel sombre ou clair, voilà notre toit.
　Mais la nuit tombe, et le chien grogne ;
　　Allons, Pataud, tais-toi !

La lune monte et le bois d'aunes
S'agite dans l'ombre sans bruit.
On dirait que ses feuilles jaunes
Craignent de réveiller la nuit.
Mon fils, si le sommeil t'accable,
Tu peux ronfler dans mon manteau ;
Dans les yeux je n'ai pas de sable.
Bonne nuit. L'œil au guet, Pataud !

Toujours veillant à la besogne,
Un ciel sombre ou clair, voilà notre toit.
Mais la nuit tombe, et le chien grogne ;
Allons, Pataud, tais-toi !

LES SOULIERS

Air *des Feuilles mortes*.

J'avais un oncle riche, ailleurs qu'en Amérique ;
Or cet oncle était vieux et ladre, mais cagot.
Il ne dépensait rien, vivait sans domestique,
Et dans ses vieux souliers entassait un magot.
Il meurt enfin : j'accours, en héritier avide ;
Le bec enfariné, je vole au coffre-fort...
La grenouille est partie et la cachette est vide.
Il ne faut pas compter sur les souliers d'un mort.
Il ne faut pas compter (*bis*) sur les souliers d'un mort.

Un de mes vieux amis (j'aurais dû le connaître,
Car nous nous tutoyions avant d'être écoliers),
Voulant me consoler, ou me railler peut-être,
Me fait don en mourant de ses meilleurs souliers.

Bonne aubaine, me dis-je; à moins de quelque attrape
Je n'irai pas pieds nus. Mais, malgré maint effort,
Le pouce n'entre pas et le talon s'échappe.
Il ne faut pas compter sur les souliers d'un mort.

J'allais me marier; tandis qu'à la mairie,
Et c'est là le dernier des maux que je vous peins,
Ma future moitié jure, tempête et crie,
Au moment de partir, je n'ai pas d'escarpins.
Chez le chausseur voisin, enseigne renommée,
On court; je suis sauvé... Voyez quel coup du sort :
Pour cause de décès la boutique est fermée.
Il ne faut pas compter sur les souliers d'un mort;
Il ne faut pas compter (*bis*) sur les souliers d'un mort.

LA NEIGE

Air *nouveau*.

Je ne veux pas, ma jeune amie,
Craindre un serpent sous chaque fleur;
Mais dans le plaisir endormie,
L'âme s'éveille à la douleur.
A son coucher, l'astre qui dore
La plaine et l'horizon lointain
Promettait une belle aurore :
    Il a neigé ce matin. *Ter*

Vois : déjà la brise est plus fraîche;
Le givre, emperlant le sillon,
Flétrit le duvet de la pêche
Et le velours du papillon.

Garde le coin du feu, ma belle ;
Tu frissonnes sous le satin.
Oiseau frileux, ferme ton aile :
    Il a neigé ce matin.

Peut-on résister à la flamme
De l'amour, ce vainqueur du temps ?
Non ! je sens s'attiédir mon âme
Au doux soleil de tes vingt ans,
Pour toi, mon ardeur vive et pure...
Mais tu souris ; ton œil mutin
S'arrête sur ma chevelure :
    Il a neigé ce matin !

Comme les dernières pensées
Se fanent aux vents des hivers,
Lorsque mes chansons dispersées
Joncheront les chemins déserts,
De mes refrains, si frais la veille,
Viendras-tu pleurer le destin,
En murmurant à mon oreille :
    Il a neigé ce matin ?

Tu viendras du moins sur ma tombe
Semer, si ton cœur est constant,
Comme des plumes de colombe,
Ces blanches fleurs que j'aimais tant.
Un dernier écho de ma lyre
Te saluera, charmant lutin,
Et tout bas tu l'entendras dire :
    Il a neigé ce matin. *Ter.*

L'ORIGINAL

AIR : *Dis-moi, Péters, par amitié.*

J'entends blâmer à tout propos
Quiconque se singularise ;
Et pourtant, sans frein ni repos,
Chacun se distingue à sa guise.
Sûr d'un destin toujours égal,
Je ris de cette erreur profonde : *Bis.*
Je suis assez original
Pour faire comme tout le monde. *Bis.*

Chacun son défaut, c'est sacré.
Le petit pain m'a rendu sobre ;
Mais j'eus toujours, je l'avouerai,
Un faible pour le jus d'octobre.
Deux verres de vin : je souris ;
Quatre raniment ma faconde ;
Mais quand j'ai trop bu, je suis gris,
Pour faire comme tout le monde.

J'étais chaud, et j'ai courtisé
Plus d'une belle peu rebelle.
Je ne suis pas encore usé :
A mes voisines j'en appelle.
Mais enfin par l'âge vaincu,
Quand j'aurai bien fait le Joconde,
Un beau jour je serai cocu,
Pour faire comme tout le monde.

Après avoir pendant vingt ans
Noirci du papier, Dieu sait comme,

Disant tout haut, de temps en temps,
Que mon chef était un grand homme,
Je puis faire valoir mes droits,
Et si la faveur me seconde,
Incessamment j'aurai la croix,
Pour faire comme tout le monde.

Ce chemin d'avance tracé,
Sans nul cahot, sans nulle ornière,
Nous mène tout droit, on le sait,
Jusqu'à notre étape dernière.
J'ai rencontré bien des appas
Dans ma course peu vagabonde ;
Pourtant je sauterai le pas,
Pour faire comme tout le monde.

En attendant ce jour fatal,
A l'abri des coups de l'envie,
Satisfait de mon sort banal,
De gais refrains charment ma vie.
Sans vouloir donner des leçons,
Tour à tour je flatte ou je fronde ; *Bis.*
J'écris de mauvaises chansons, } *Bis.*
Pour faire comme tout le monde.

LE CAFÉ DES INCURABLES

Air . *La queue emporte la tête.*

Je sais au faubourg Saint-Martin,
Car je suis un peu fine bouche,
Un café qui va, c'est certain,
Vous sembler borgne, ou du moins louche.

Voulez-vous connaître pourtant
Ce réduit des plus respectables?
Suivez-moi donc, car on m'attend,
    Au Café des Incurables.   *Bis.*

Le gaz est un luxe inconnu
Dans cet estaminet modèle.
A ce plafond humide et nu
L'araignée est toujours fidèle.
Mais tout reluit, quand vient le soir,
Depuis le marbre gras des tables
Jusqu'aux dominos de bois noir,
    Au Café des Incurables.

Là, méditant de nouveaux chants,
Et sans qu'un œil jaloux la guette,
S'assemble, à l'abri des méchants,
La fleur de la jeune goguette.
Chacun, par son voisin vanté,
Se gonfle et prend des airs capables :
Nous rêvons l'immortalité
    Au Café des Incurables.

Le faste et la morgue sont loin;
Car l'esprit surtout nous défraye.
On dépense, en ce petit coin,
Plus de gaieté que de monnaie.
Laissons à de moins gueux que nous
L'ennui des salons confortables :
Le gloria se vend trois sous,
    Au Café des Incurables.

Que de beaux rêves sont éclos
Entre le trois-six et la bière!

On refond, au feu des brûlots,
La société tout entière;
Puis on remet au lendemain,
Après des projets formidables,
La guérison du genre humain,
    Au Café des Incurables.

De cette endormante rumeur
Sortir ingambe est difficile;
Et j'ai vu plus d'un gai rimeur
Rentrer fort lourd au domicile;
La femme payait d'un soufflet
Des torts pour elle impardonnables :
Dame! on n'est pas toujours complet
    Au Café des Incurables.

Quand de l'avenir les chemins
Sont couverts d'une nuit profonde,
Soldats, qui pensez qu'en vos mains
Le sabre est le sceptre du monde,
Et vous, apôtres du progrès,
Hardis soutiens des pauvres diables,
Accourez : vos siéges sont prêts
    Au Café des Incurables. *Bis.*

REGAIN D'AMOUR

AIR de *Philoctète,* ou *Foulons aux pieds les préjugés du monde.*

Je te revois enfin, après cinq ans,
Plus gracieuse et plus piquante encore;
Et tes beaux yeux ont, comme à ton aurore,
Ce doux regard aux éclairs provocants.

A ton aspect, une subite ivresse
Réveille en moi le passé regretté...
Mais quand ravi j'admire ta beauté, ⎫
Mes cheveux blancs font peur à ta jeunesse. ⎬ *Bis.*

Oui, j'ai vieilli : l'âge, de ses doigts lourds,
Pèse déjà sur mon front qu'il dénude ;
Près du sillon buriné par l'étude,
Se grave aussi la trace des amours.
A d'autres cœurs j'ai prêté ma tendresse.
Pardonne-moi : n'est pas aimé qui veut.
A ta froideur qu'importe cet aveu ?
Mes cheveux blancs font peur à ta jeunesse.

Pour toi du moins le temps a réservé
Des cieux plus doux et des heures plus lentes.
Je les revois, ces formes opulentes,
Ces blonds bandeaux dont j'ai souvent rêvé ;
Ces pieds mignons dont l'adroite vitesse
Plus d'une fois protégea ta vertu...
Tu me fais taire... A présent, que crains-tu ?
Mes cheveux blancs font peur à ta jeunesse.

Toi, toujours jeune, et moi, bientôt vieillard,
Si nous pouvions !... Devine, car je n'ose.
Quoi ! le cyprès s'unirait à la rose !
Ah ! tu dis vrai, cruelle : il est trop tard.
J'entends sonner l'heure de la sagesse
Dans les éclats de ton rire moqueur.
Je n'ai plus rien de jeune, que le cœur.
Mes cheveux blancs font peur à ta jeunesse.

Par les regrets tout espoir doit finir.
A ton bonheur, hélas, qu'ajouterais-je ?
Le feu tardif qui couve sous la neige
N'a pas de fleurs pour ton riche avenir.
Oublie, oublie un instant de faiblesse ;
Adieu ; je pars ; tu m'as trop écouté.
C'est à l'hiver à fuir devant l'été.
Mes cheveux blancs font peur à ta jeunesse.} *Bis.*

LA FERME

A Edmond Deltère.

Air *nouveau de* J. Duval.

Là-bas, au fond de la vallée,
Près d'un ru qui court en jasant,
Tu vois une ferme isolée :
   C'est là (*bis*), bon paysan.

Ma girouette en fer de lance
Te grince un salut amical.
Ici, le pigeonnier s'élance
Comme un vieux donjon féodal.
De fait, toute chose a son terme,
Et j'ai vu, pas plus tard qu'hier,
Un beau château devenu ferme :
Il n'en paraissait que plus fier.

Là-bas, au fond de la vallée,
Près d'un ru qui court en jasant,

Tu vois une ferme isolée :
  C'est là, bon paysan.

Femme, un ami qui nous arrive !
— Voici le couvert ; assieds-toi ;
Vidons ce pot ensemble, et vive
Qui vient réjouir mon vieux toit !
Attends que la ménagère aille
Dénicher d'un doigt familier,
Sous les copeaux ou sous la paille,
Les œufs pondus dans le grenier.

Là-bas, au fond de la vallée,
Près d'un ru qui court en jasant,
Tu vois une ferme isolée :
  C'est là, bon paysan.

Trempé de sueur jusqu'au ventre,
A l'heure du soleil couchant,
En mugissant le bétail rentre ;
La charrue est restée au champ.
Filles, canards, garçons, marmaille
Pataugeant au ruisseau bourbeux,
Poules, poussins, chiens, chats, volaille,
Rangez-vous tous : voici les bœufs !

Là-bas, au fond de la vallée,
Près d'un ru qui court en jasant,
Tu vois une ferme isolée :
  C'est là, bon paysan.

Lavandières, batteurs, faneuses,
Pinson joyeux, brutal mâtin,

Vaches, brebis, pourceaux, couveuses,
Chacun accomplit son destin.
Mais lequel, à force de vivre,
Sait mieux le secret éternel,
Du savant qui lit dans un livre,
Du berger qui lit dans le ciel ?

Là-bas, au fond de la vallée,
Près d'un ru qui court en jasant,
Tu vois une ferme isolée :
    C'est là, bon paysan.

Pluie ou soleil, chaleur ou glace,
Un mendiant, même inconnu,
A mon foyer demande place :
Qu'il entre et soit le bienvenu !
Oh ! si je pouvais, ma demeure
Serait un caravansérail
Ouvert tous les jours, à toute heure,
Aux invalides du travail !

Là-bas, au fond de la vallée,
Près d'un ru qui court en jasant,
Tu vois une ferme isolée :
    C'est là (*bis*), bon paysan.

LA JEUNE CHANSON

Air *de la Vieille chanson.*

Laissons vingt rimeurs édentés,
    Dans une feinte orgie,
Courtiser les divinités

De la mythologie.
Élevant l'humaine raison
　　Vers des sphères nouvelles,
Enfin je brise ma prison :
Pour franchir mon vieil horizon,
　　De l'ode j'ai les ailes.

Je chante l'amour et la guerre ;
Au plaisir j'unis la leçon ;
Je suis la muse populaire,
Tour à tour grave et sans façon :
Salut (*bis*) à la jeune chanson !　　　*Bis.*

Je raille toujours le pervers,
　　Le fripon et la dupe ;
Et, sans trop chiffonner mes vers,
　　Je retrousse ma jupe.
Si je suis austère parfois,
　　Il faut qu'on me pardonne ;
Je conseille ou poursuis les rois,
Des peuples je défends les droits,
　　Mais ne flatte personne.

Je chante l'amour et la guerre ;
Au plaisir j'unis la leçon ;
Je suis la muse populaire,
Tour à tour grave et sans façon :
Salut à la jeune chanson !

Quand par hasard j'entre au salon,
　　Je n'en suis pas plus fière ;
Par moi le travail est moins long
　　Aux champs, à la chaumière.

Je partage tous vos labeurs,
    Et, coquette ou rêveuse,
Vendange avec les vendangeurs,
Moissonne avec les moissonneurs,
    Glane avec la glaneuse.

Je chante l'amour et la guerre ;
Au plaisir j'unis la leçon ;
Je suis la muse populaire,
Tour à tour grave et sans façon :
Salut à la jeune chanson !

Si, de l'avenir oublieux,
    Un faux bonheur vous charme,
A mes couplets les plus joyeux
    Ma voix mêle une larme...
Mais bien vite essuyez vos pleurs :
    De tout cœur qui soupire
Je berce et j'endors les douleurs ;
Puis, le front couronné de fleurs,
    Je reviens vous sourire.

Je chante l'amour et la guerre ;
Au plaisir j'unis la leçon ;
Je suis la muse populaire,
Tour à tour grave et sans façon :
Salut à la jeune chanson !

Quand j'eus pour la dernière fois
    Salué ce génie
Dont la mâle et touchante voix
    M'a si bien rajeunie,

Oui, j'ai voilé mon tambourin ;
    Mais de mon luth sonore
Doit jaillir plus d'un gai refrain :
Malgré la mort de son parrain,
    La chanson vit encore.

Je chante l'amour et la guerre ;
Au plaisir j'unis la leçon ;
Je suis la muse populaire,
Tour à tour grave et sans façon :
Salut à la jeune chanson !

Aux bas-fonds, sur les hauts sommets,
    Me voilà, toujours prête ;
Le peuple veut des chants : jamais
    Ma verve ne s'arrête.
La gaieté commande, et bientôt
    La ronde recommence ;
Aux sons cadencés du marteau,
L'ouvrier chante encor Festeau,
    Dupont, Nadaud, Colmance.

Je chante l'amour et la guerre ;
Au plaisir j'unis la leçon ;
Je suis la muse populaire,
Tour à tour grave et sans façon :
Salut (*bis*) à la jeune chanson !   *Bis.*

IL FAIT SOLEIL.

A Ernest Roussel.

Air nouveau de J. Duval.

La nuit muette aux épaisses ténèbres,
C'est le repos; c'est aussi la terreur.
Le noir essaim des souvenirs funèbres
Vient agiter le silence et l'horreur.
Mais l'aube enfin dissipe, calme et pure,
Les visions qu'enfanta le sommeil.
Dans notre esprit, comme dans la nature, }*Bis.*
    Il fait soleil.

Longtemps, dit-on, la sombre servitude
Du genre humain parqua le vil troupeau.
Le peuple un jour brise d'une main rude
Tous ces liens dont il fait un drapeau.
Le droit s'installe à la place du glaive;
Pour l'univers quel sublime réveil!
A l'horizon la liberté se lève :
    Il fait soleil.

Lorsque tout dort, l'enfant pâle et glacée
Depuis trois nuits souffre d'un mal latent.
A son chevet, vivant par la pensée,
La mère veille, écoute, pleure, attend.
Avec le jour si l'espoir pouvait luire!
Mère, crois-en ta tendresse en éveil :
Mère, vois-tu ta fille te sourire?
    Il fait soleil.

Un printemps gris, chargé de froide brume,
Voit chaque jour notre ciel s'assombrir;
Et le buveur songe avec amertume
Que le raisin ne pourra pas mûrir.
Mais, quel espoir! Tout à coup le vent change;
Pour nous s'allume un été sans pareil.
Merci, mon Dieu! vous sauvez la vendange :
Il fait soleil.

Souvent, pour fuir une clarté banale,
J'ai dans mes vers alambiqué la nuit;
Et sur vos fronts ma chanson trop morale,
Triste rosée, a distillé l'ennui.
Mais, secouant la torpeur où je m'use,
Si la gaieté fait passer le conseil,
Par des bravos vous accueillez ma muse : } *Bis.*
Il fait soleil.

UNE CHANSON A BOIRE

AIR *de la Ferme et la fermière.*

La romance est pleine d'attraits
    Pour l'auteur qui la couve;
Mais le public se dit après :
    Qu'est-ce que tout ça prouve ?
Fleurs d'hiver et *Brises d'été*
    Sont pure balançoire;
Moi, je préfère, tout compté,
    Une chanson à boire. } *Bis.*

Écoutez dans nos carrefours
    Ces gens à longue mine
Nasillant, sans faire de fours,
    Leur français de cuisine.
Ils sont guéris de Béranger
    Et du vieux répertoire,
Mais ils débitent, pour manger,
    Une chanson à boire.

Que les poëtes sont heureux !
    Dit un gros qui digère.
Rêver avec le ventre creux
    Rend l'âme plus légère.
Ce destin semblera tentant,
    Si l'on songe à la gloire ;
Mais combien sont morts en chantant
    Une chanson à boire !

Cette chanson pour les lundis
    Offre un dangereux leurre.
Voyez dans son pauvre taudis
    Cette femme qui pleure ;
Et trois marmots, qui le croirait ?
    Fouillent en vain l'armoire...
Leur père chante au cabaret
    Une chanson à boire.

Pour finir, couplet de la mort :
    C'était inévitable.
Si je subis l'arrêt du sort
    En quittant cette table,

Sur ma tombe, comme jadis
 Le voulait feu Grégoire,
Entonnez pour *De profundis*
 Une chanson à boire.   } *Bis.*

L'AUTOMNE

Air : *Encore une perle qui tombe.*

La terre est froide et le ciel gris ;
Et vers la colline embrumée
Des chaumes, rustiques abris,
Monte une bleuâtre fumée.
Le meunier rallume en tremblant
Les sarments que sa main tisonne,
Et nargue, en vidant son pot blanc, } *Bis.*
Le premier brouillard de l'automne.

Les pins, les cyprès et les ifs
Gardent seuls leur sombre verdure.
Tombez, pauvres bourgeons tardifs,
Tombez, feuilles, sous la froidure.
Comme une trombe on voit rouler
L'essaim jaunissant qui bourdonne.
Pourquoi sitôt vous envoler,
Dernières feuilles de l'automne ?

Les longs jours nous ont dit adieu :
Voici la saison des veillées.
Maint récit groupe autour du feu
Les commères émerveillées.

Tandis qu'aux fentes des volets
Glisse ta plainte monotone,
Au loin fais danser les follets,
Première bise de l'automne.

Si le raisin n'a pas mûri,
Nous l'avons récolté quand même.
Le laurier-rose défleuri
A fait place au froid chrysanthème.
Mais la douce fleur du printemps,
La violette, qui frissonne,
Exhale encor sous les autans
Le dernier parfum de l'automne.

Décembre plane dans les airs,
Et s'amuse à fouetter les nues.
Entendez par les bois déserts
S'entre-choquer les branches nues.
L'indigent s'y hasarde seul,
Lorsque l'ouragan tourbillonne ;
Et s'il meurt, il a ton linceul,
Première neige de l'automne.

Voyez : à peine est-il midi,
Et déjà sous le vent qui râle
Le soleil, par l'âge engourdi,
Dérobe à nos yeux son front pâle.
Dirait-on pas qu'en soupirant
L'année à son déclin nous donne,
Comme un sourire de mourant, ⎱
Le dernier soleil de l'automne ? ⎰ *Bis.*

LE LAMPION

Air du *Quatorze juillet.*

La ville dort, et de la base au faîte
La sombre nuit a couvert d'un linceul
Folles clartés et vains bruits de la fête.
Un vieux lampion râle encor, triste et seul.
Sans regretter ses splendeurs éclipsées,
Il crépitait aux fraîcheurs du matin,
D'un mendiant chauffant les mains glacées. } *Bis.*
Ne riez pas du lampion qui s'éteint.

Qu'il en a vu, dans sa longue carrière,
Des faux serments, des vivat au rabais !
Il saluait d'une égale lumière
Peuples et rois, autels, trônes, gibets.
Lui qui souvent éclaira, sans y croire,
En pleins tréteaux, les exploits d'un pantin,
Il vous dira ce que c'est que la gloire.
Ne riez pas du lampion qui s'éteint.

Moi, quand je vois sa flamme à l'agonie,
Qui lutte, meurt, et renaît et pâlit,
Mon cœur s'émeut, et je pense au génie
Qui brille un jour pour glisser dans l'oubli.
Peintre ou guerrier, quelle que soit la sphère,
Craignez le sort trop souvent incertain.
Plus d'un grand homme est mort dans la misère
Ne riez pas du lampion qui s'éteint.

Longtemps   vois la lum   re électrique
S'essouffle   our détrône   suif ;

7

Eh ! n'a-t-il pas, pour braver la critique,
Deux défenseurs, la routine et son if !
Fanal bourgeois que le progrès allume,
Le gaz lui-même y perdra son latin :
Qu'est ce qui brille auprès de ce qui fume ?
Ne riez pas du lampion qui s'éteint.

Quand les voyous ont hurlé leur fanfare,
Que les tessons étoilent les carreaux,
Le boutiquier illumine ce phare
Pour célébrer, il ne sait quel héros.
Faut-il demain que le bon badaud flatte
Quelque prodige, inventeur ou crétin ?
Au vieux lampion on graissera la patte. } *Bis.*
Ne riez pas du lampion qui s'éteint.

LA GLANEUSE

AIR de STREICH.

La voyez-vous, dès le matin,
Sur les coteaux, par les vallées,
De quelques blondes javelées
Former son précieux butin !
Elle déchire, courageuse, *Bis.*
Ses pieds que le hâle rend beaux :
Elle n'a ni bas ni sabots, *Bis.*
    La glaneuse. *Bis.*

Après qu'en ses bras triomphants
Brin à brin a grossi la gerbe,
Alors, la déposant sur l'herbe,
Elle aide aux tout petits enfants.

Aussi plus d'une moissonneuse,
Que le maître a beau surveiller,
Se gardera bien d'oublier
  La glaneuse.

Son grand-père, preux vétéran
Blanchi sous le feu de la guerre,
Quoique pauvre, ne se plaint guère :
La misère le fait plus grand.
Comme elle est fière et radieuse
Quand elle offre au héros tremblant
Une miche de beau pain blanc,
  La glaneuse !

Il est bien humble, son réduit ;
Mais, lorsque sa main, fée agile,
A frotté le bois et l'argile,
Il faut voir comme tout reluit.
La paroisse, un peu curieuse,
Demande quel bon ouvrier
Aura pour charmer son foyer
  La glaneuse.

Le beau temps n'est pas éternel.
Le froid l'enferme en sa cabane :
Les bouts de chanvre qu'elle glane
Chargent le fuseau maternel.
Et puis sa voix mélodieuse   *Bis.*
Trompe l'ennui par des chansons :
Elle chante encor les moissons,   *Bis.*
  La glaneuse.   *Bis.*

LES ROSES

Air : *Petite vierge des amours.*

Le ciel, profond dans ses desseins,
De l'homme a compris les faiblesses :
Il fit la vertu pour les saints,
Et la beauté pour nos caresses.
Que de corbeilles en un jour
Nos désirs lutins ont pillées !
Toutes les roses de l'amour
Ne sont pas encore effeuillées. } *Bis.*

Qu'un jaloux, un sage, un barbon
De la gaieté nous fasse un crime :
La vie est courte et le vin bon ;
A nous la folie et la rime !
Si l'ivresse ose nous saisir,
Nos peines y seront noyées.
Toutes les roses du plaisir
Ne sont pas encore effeuillées.

Irrité par le rameau vert
Dont les fous couronnent leurs têtes,
Combien de fois le sombre hiver
Sur nos fronts sema ses tempêtes !
Mais la terre a toujours vingt ans ;
Les plaines se sont réveillées.
Toutes les roses du printemps
Ne sont pas encore effeuillées.

Lorsqu'à nos rêves l'avenir
Présente un bonheur éphémère,
Notre main, qui croit le tenir,
N'étreint qu'une vaine chimère.

Cherchons donc, pour l'apercevoir,
En dehors des routes frayées.
Toutes les roses de l'espoir
Ne sont pas encore effeuillées. } *Bis.*

LE DÉMÉNAGEMENT

(décembre 1852)

Air *de l'Aveugle de Bagnolet.*

Le peuple, en bon propriétaire,
M'assigne un nouveau logement.
De l'empereur héréditaire
Pressez le déménagement.   *Bis.*
J'aurai donc changé de patries
Comme on change d'hôtelleries.
N'allons pas verser en chemin,
De l'Élysée aux Tuileries.
N'allons pas verser en chemin :
Qui sait si nous vivrons demain ?

Vous pouvez laisser dans ma chambre
Mon serment d'hier, vieux haillon,
Et mon programme de décembre ;
Mais emballez mon goupillon.
Pour moi, que Loyola confesse,
L'empire vaut bien une messe.
N'allons pas verser en chemin.
Surtout n'oubliez pas la caisse.
N'allons pas verser en chemin :
Qui sait si nous vivrons demain ?

Cet aigle, talisman magique
Qu'à Boulogne on osa railler,
Escamota la République :
Aussi l'ai-je fait empailler.
A peine la France épuisée
Dans mes bras s'était reposée...
N'allons pas verser en chemin.
Ce gourdin l'a décembrisée.
N'allons pas verser en chemin :
Qui sait si nous vivrons demain ?

Cette place à Quatre-Vingt-Treize
Doit un funèbre souvenir.
Là, le bourreau punit Louis Seize
De n'avoir jamais su punir.
Fuyons, comme un funèbre auspice,
Le lieu du fatal sacrifice.
N'allons pas verser en chemin,
Dans le sang parfois le pied glisse.
N'allons pas verser en chemin :
Qui sait si nous vivrons demain ?

Mais d'effroi tout mon corps se glace ;
Plus loin ne vois-je pas encor
Se dresser d'un air de menace
Les victimes de Thermidor ?
Des modérés la sainte rage
Un jour leur tint lieu de courage.
N'allons pas verser en chemin.
Je continuerai leur ouvrage.
N'allons pas verser en chemin :
Qui sait si nous vivrons demain ?

Nous approchons de ma demeure.
C'est ici, près du pont tournant,
Que l'ex-roi, dans un fiacre à l'heure,
Déménagea fort lestement.
Un juif jusques à la voiture
Seul escorta le vieux parjure :
N'allons pas verser en chemin.
Je tâcherai que mon bail dure.
N'allons pas verser en chemin :
Qui sait si nous vivrons demain ?

Hâtons-nous ; déjà la nuit tombe,
Et sous les sombres marronniers
Plus d'un Suisse privé de tombe
Du jardin combla les charniers.
Aux Dix Août, que l'histoire abhorre,
Succède une nouvelle aurore.
N'allons pas verser en chemin.
La fleur du Vingt Mars vient d'éclore.
N'allons pas verser en chemin :
Qui sait si nous vivrons demain ?

Est-ce ici ma dernière étape ?
Je l'ignore. En tous cas, buvons
A notre saint père le pape,
Puis à l'amour, et puis... rêvons. *Bis.*
Amis, à tout prêtez l'oreille.
Peut-être, à l'heure où je sommeille...
N'allons pas verser en chemin.
Quelque Alibaud dans l'ombre veille.
N'allons pas verser en chemin :
Qui sait si nous vivrons demain ?

LA TROISIÈME

Air : *Je le conserve pour ma femme.*

L'espoir, dit-on, s'attache au nombre trois.
La Trinité nous en offre une preuve.
Pour un tiroir, la maxime est, je crois,
Peu consolante et surtout très-peu neuve.
Vais-je prouver que trois fois trois font neuf !
Non, je m'arrête, et pour raison majeure,
A ce dicton, qui me semble plus neuf
Et que je tiens d'un monsieur deux fois veuf :
    Pourvu qu' la troisièm' soit meilleure !   *Bis.*

Dans nos banquets, où règne la gaieté,
Pour conserver entre nous l'harmonie,
Par la prudence et par l'autorité
La politique avec soin est bannie.
Sans appuyer il faut que nous glissions
Sur ce terrain qu'en tremblant on effleure.
Autant que vous je hais les factions :
J'ai vu déjà deux révolutions.
    Pourvu qu' la troisièm' soit meilleure !

Pour me punir de n'être pas jaloux
Et pour troubler ce calme qu'elle envie,
Ma femme hier s'accrochant à trois clous,
Manquait, hélas, de s'arracher la vie.
Je méditais un bel enterrement,
Mais le destin ne veut pas qu'elle meure.
Et cependant (voyez l'entêtement)
Elle a cassé deux cordes, au moment...
    Pourvu qu' la troisièm' soit meilleure !

Dans un hameau dont j'ai perdu le nom,
Mari goutteux, au sortir de l'église,
D'un air vainqueur emmenait sa Toinon...
Non, je crois bien qu'elle s'appelait Lise.
Que de plaisir lui promet le gaillard!
Mais à son bras la jeune épouse pleure :
Sa jambe droite est toujours en retard;
Sa jambe gauche est trop courte d'un quart :
 Pourvu qu' la troisièm' soit meilleure!

Il est un air qui m'a longtemps séduit,
L'air que Berthier *conservait pour sa femme.*
C'est celui-là que je chante aujourd'hui,
Nouveau sujet sur une vieille gamme.
Mais le succès attend-il mes doux sons?
J'en doute fort, et jamais ne me leurre,
Car là-dessus j'avais fait deux chansons,
Et le public les siffla sans façons.
 Pourvu qu' la troisièm' soit meilleure! *Bis.*

SIC VOS, NON VOBIS

Air : *Petit bouton d'or.*

Maître Bertrand, fin compère
 Qui s'expose peu,
Fait tirer par son confrère
 Les marrons du feu.
Raton, plein de confiance,
 S'échaude gratis;
L'autre s'arrondit la panse :
 Sic vos, non vobis.

Un blondin, fier de sa mine,
    Et l'air provocant,
Croyait changer sa voisine
    En petit volcan ;
Or, tandis qu'il se dessèche
    Et fait l'Adonis,
Un luron y met la mèche :
    Sic vos, non vobis.

A Crésus qui se lamente,
    Pour l'épouvanter
Une jeune gouvernante
    Parle de tester.
Le barbon, rempli d'angoisse,
    Lègue, in extremis,
Tous ses biens à sa paroisse :
    Sic vos, non vobis.

Amasse, vieillard stupide,
    Empile ton or ;
Amasse, et, le ventre vide,
    Meurs sur ton trésor ;
Un morveux, suivant l'usage,
    Avec des Laïs
Mange et boit ton héritage :
    Sic vos, non vobis.

Vous, diligentes abeilles,
    Glanez le matin,
Dans nos jardins, sur nos treilles,
    Votre doux butin.

Quand tour à tour vous attire
    Jasmin, rose ou lis,
A nous le miel et la cire :
    Sic nos, non vobis.

Et vous, abeilles humaines,
    Donnez jour et nuit
Vos bras, vos sueurs, vos peines :
    Quel en est le fruit ?
Grâce à l'argent que peut-être
    Il vola jadis,
Vous engraissez votre maître :
    Sic vos, non vobis.

LES PANTINOIS

A Gustave Nadaud.

Air *de la Mère Godichon.*

Mangeurs de vache ou de chinois,
    Au comptoir, à la forge,
    Poussons à pleine gorge
    Le chant des Pantinois.

    Pantinois, mes confrères,
Vous qui prônez tant de couplets
    Dignes des sifflets,
    Mes vers peu littéraires
Vont mériter tous vos bravos,
    Car ils sont nouveaux.

A vous appartient mon poëme,
Et mes chants tristes ou grivois.
Renais pour inspirer ma voix,
Macaire, dieu de la Bohême !

Mangeurs de vache ou de chinois,
 Au comptoir, à la forge,
 Poussons à pleine gorge
 Le chant des Pantinois.

 On nous trouve imbéciles,
Et nous revendons de l'esprit
  A qui nous en prit.
 On nous dit peu dociles,
Et sous les coups, en vrais badauds,
  Nous courbons le dos.
Le maire, nous l'envoyons paître ;
Nous faisons la nique au curé ;
Le seul magistrat révéré,
Pour nous, c'est le garde champêtre.

Mangeurs de vache ou de chinois,
 Au comptoir, à la forge,
 Poussons à pleine gorge
 Le chant des Pantinois.

 Gourmands comme une actrice,
A nos boursiers, à nos rimeurs
  Il faut des primeurs.
 Mais survienne un caprice,
Et l'on verra quel joli four
  Peut faire Véfour.

Le Pantinois, quand il s'arrose,
Préfère au Porto le ginguet,
L'odeur du tabac, au muguet,
Et la soupe au choux, à la rose.

Mangeurs de vache ou de chinois,
    Au comptoir, à la forge,
    Poussons à pleine gorge
    Le chant des Pantinois.

    Dans ta vieille boutique
Que tu vis entrer de héros,
      O mère Moreaux!
    La jeunesse sceptique
Improvise au bas du Pont-Neuf
      Ses quatre-vingt-neuf.
Rénovateurs de tous calibres
Dans l'absinthe puisent l'oubli;
Du caboulot on passe au lit :
L'ivresse et l'amour les font libres.

Mangeurs de vache ou de chinois,
    Au comptoir, à la forge,
    Poussons à pleine gorge
    Le chant des Pantinois.

    C'est le succès qu'on fête :
Le succès est tout dans un lieu
      Où l'or s'est fait dieu.
    Aspirez-vous au faîte ?
On y grimpe à force de sauts;
      Tant pis pour les sots!

Héros fourbus, filles dupées,
De grands enfants petits hochets,
Nous pendons aux mêmes crochets
Et nos pantins et nos poupées.

Mangeurs de vache ou de chinois,
    Au comptoir, à la forge,
    Poussons à pleine gorge
    Le chant des Pantinois.

    Amis de l'écarlate,
Du blanc pur, qu'on a distancé,
    Et du bleu foncé;
Vous dont l'échine est plate
Comme une punaise à genoux,
    Venez avec nous.
Le plus gros comme le plus mince
Danse au bruit de notre tambour.
Pour nous, la France est un faubourg,
Et l'univers, une province.

Mangeurs de vache ou de chinois,
    Au comptoir, à la forge,
    Poussons à pleine gorge
    Le chant des Pantinois.

MON JEUNE HOMME

Air *de la Veillée*.

Mon jeune homme est unique au monde,
Et son berceau vraiment divin :
Il naquit des vapeurs du vin,
Comme Vénus naquit de l'onde.

Afin qu'il échappe à l'oubli,
Je veux vous le dépeindre en somme.
De mon sujet je suis rempli,
    Lorsque j'ai (*bis*) mon jeune homme.

J'ai trouvé dans la politique
Peu de chance et force guignon ;
Mais plus que moi mon compagnon
A la tête forte et s'en pique.
J'imiterais, sans nul effroi,
Les héros de Sparte et de Rome ;
Je me crois aussi grand qu'un roi,
    Lorsque j'ai mon jeune homme.

Ma femme est une fine mouche :
Son amour, souvent endormi,
Réserve pour ce bon ami
Un accueil qui n'est point farouche.
S'il paraît, elle m'aime mieux ;
Sa tendresse, moins économe,
Éclate enfin dans ses doux yeux,
    Lorsque j'ai mon jeune homme.

Il échauffe, il choie, il caresse
L'âme comme un bijou bien cher.
Pour le corps, vil morceau de chair,
Il l'abandonne à sa faiblesse.
Au sortir d'un large repas,
Si je trébuche, il faut voir comme
J'ai de l'esprit dans mes faux pas,
    Lorsque j'ai mon jeune homme.

Parfois pourtant sa gaieté semble,
Dans un accès dont je me plains,
Jeter par-dessus les moulins
Bonnet et raison tout ensemble.
Mais il n'obscurcit point mes yeux,
Et c'est un étrange astronome :
Je vois deux soleils dans les cieux,
    Lorsque j'ai mon jeune homme.

Pour plaire à quelque joyeux hôte,
Si j'entonne un couplet grivois,
Il m'enfle et me soutient la voix,
Tandis qu'à bien d'autres il l'ôte.
Que je chante seul, vous riez ;
Avec son aide, à moi la pomme !
Ah ! comme vous m'applaudiriez,
    Si j'avais (*bis*) mon jeune homme !

MA PHOTOGRAPHIE

Air *de la Gaudriole* (C. FAVART).

Mon portrait exposé m'expose.
    Bien que mon chic
    Plaise au public,
    Pour mainte cause,
    Ami Darlot,
Otez-moi de votre tableau.

Longtemps, par un bonheur unique,
Bravant les tambours fourvoyés,
J'esquivai le briquet civique,
La clarinette de cinq pieds.

Mais votre vitrine inhumaine,
Pour soutirer des monacos,
Vend ma binette, et l'on m'emmène
Droit à l'hôtel des haricots.

Mon portrait exposé m'expose.
  Bien que mon chic
  Plaise au public,
  Pour mainte cause,
  Ami Darlot,
Otez-moi de votre tableau.

Par une stratégie habile,
Sautant de Grenelle à Saint-Maur,
J'avais caché mon domicile :
Mes créanciers me croyaient mort.
Mais vous leur présentez ma face,
Et déjà plus d'un enragé
S'en vient, comme un basset rapace,
Traquer le lièvre délogé.

Mon portrait exposé m'expose.
  Bien que mon chic
  Plaise au public,
  Pour mainte cause,
  Ami Darlot,
Otez-moi de votre tableau.

Une fille autrefois candide,
Que je courtisai par hasard,
Reconnaît en moi son perfide
Et m'apporte un affreux moutard.

On ne peut plus faire des siennes
Et chiffonner quelques jupons,
S'il faut que toutes nos anciennes
Nous assiégent de leurs poupons.

Mon portrait exposé m'expose.
  Bien que mon chic
  Plaise au public,
  Pour mainte cause,
  Ami Darlot,
Otez-moi de votre tableau.

L'une pleure, pauvre petite,
Mon amour qui lui fait faux bond,
Et depuis quinze jours hésite
Entre la Seine et le charbon.
L'autre pratique l'escalade
Pour goûter au fruit défendu ;
Et c'est ainsi que l'on dégrade
La maison et l'individu.

Mon portrait exposé m'expose.
  Bien que mon chic
  Plaise au public,
  Pour mainte cause,
  Ami Darlot,
Otez-moi de votre tableau.

Or, c'est par votre fait qu'on porte
Tant d'atteintes à mon repos :
De grâce, placez à ma porte
Un piquet de municipaux ;

Ou prêtez-moi, pour que je chasse
Les belles qui me trouvent beau,
Le goupillon de saint Ignace
Ou le clysoir de feu Lobau.

Mon portrait exposé m'expose.
  Bien que mon chic
  Plaise au public,
  Pour mainte cause,
  Ami Darlot,
Otez-moi de votre tableau.

CHANT D'ESPÉRANCE

A Emile de la Bédollière.

AIR *de Philoclète.*

Muse des vers, redemande au destin
De Béranger la piquante harmonie
Et de Musset la rêveuse ironie :
Hugo se tait. Lamartine est éteint.
Mais la gaieté, l'amour, l'indépendance
Ont dans nos cœurs un immortel pavois,
Et la chanson a retrouvé sa voix :
Il est encor de beaux jours pour la France. *Bis.*

Quand près d'un bois je vois des amoureux
Rire, jouer et chuchoter ensemble,
A cet aspect, je sens mon cœur qui tremble ;
En soupirant je dis : Qu'ils sont heureux !

Mais ce matin, cédant à ma constance,
Au lieu d'un sec *Allez donc vous asseoir*,
Lise a souri, puis m'a dit : A ce soir...
Il est encor de beaux jours pour la France

Le ciel est pur ; un souffle printanier
A ramené la frileuse hirondelle ;
Le papillon a déployé son aile ;
Le hanneton devient moins casanier.
Hymne divin ! tressaillement immense
Qui de l'hiver dissipe le long deuil !
Le soleil brille aux coteaux d'Argenteuil :
Il est encor de beaux jours pour la France.

Sombre et maussade en mon étroit réduit,
D'un rire amer poursuivant la fortune,
Riche d'amour et pauvre de pécune,
Je maudissais le sort... Mais aujourd'hui
En ma faveur j'ai vu tourner la chance,
Et je suis fier comme un tambour-major :
J'ai ma quittance et mon concierge est mort :
Il est encor de beaux jours pour la France.

Oui, nous touchons à l'avenir rêvé.
Un laurier d'or ceint le front des poëtes ;
Le vin est pur ; les dames sont muettes ;
Le macadam fait place au vieux pavé.
Élançons-nous aux champs de l'espérance :
Domange a fui ; les tyrans sont chassés ;
Enfin je chante et vous applaudissez :
Il est encor de beaux jours pour la France. *Bis.*

AU CAVEAU

AIR : *Ah ! si ma dame me voyait.*

Non, je ne ne suis pas du Caveau,
Quoi que prétende un journaliste ;
Mon nom n'est pas sur votre liste.
En homme qui sait ce qu'il vaut,
Je reste à mon humble niveau.
L'abus fatal de l'hexamètre
M'aurait-il troublé le cerveau ?
L'écolier n'est pas encor maître :
Non, je ne suis pas du Caveau.   *Bis.*

Je sors d'un pays mal connu
Que l'on appelle la Goguette.
Là parfois d'un coup de baguette
Une fée au front ingénu
Inspira le premier venu.
D'un succès juste ou non, qu'importe,
Bien fou celui qui se prévaut :
J'ai laissé *Bastien* à la porte.
Non, je ne suis pas du Caveau.

Je ne suis pas encore entré
Dans la sphère calme et sereine
Où la raison est souveraine,
Où le bon sens, trop dénigré,
A son sanctuaire sacré.
En flagellant aux yeux du monde
Le vrai tyran, le faux dévot,
Vous souriez, et moi je gronde :
Non, je ne suis pas du Caveau.

Chez vous, neveux de Rabelais,
En jouant, la muse fertile
Sur un refrain grave ou futile
Improvisera vingt couplets
Gais, profonds, élégants, complets.
Pour moi la rime est moins humaine :
Pour polir un sujet nouveau,
J'use souvent une semaine.
Non, je ne suis pas du Caveau.

Pourtant, quand je veux essayer,
Je puis chansonner comme un autre.
La chose n'est pas difficile :
Avoir la rime et la raison,
Voilà, messieurs, tout le secret.
Qu'allez-vous trouver à reprendre
Dans ce couplet improvisé ?
Je devine votre réponse :
Non, je ne suis pas du Caveau.

Mais je me trompe, en vérité.
Moi qui tremblais comme la feuille,
C'est l'indulgence qui m'accueille ;
Votre aimable fraternité
M'a rendu toute ma gaieté.
A ma verve un peu téméraire
Vous pardonnez par un bravo ;
Vous m'écoutez comme un confrère :
Ah ! je crois être du Caveau. *Bis.*

CHANT RÉPUBLICAIN

Air nouveau.

Nous, des sujets ? Non, soyons hommes.
Arrière, prélats et faquins !
Vous demandez ce que nous sommes :   *Bis.*
    Nous sommes républicains.

Jetons un présent qui retarde
Au passé qui vient de finir.
C'est nous qui sommes l'avant-garde,
Et nous courons vers l'avenir.
Ce siècle a créé des merveilles :
La vapeur, l'électricité ;
Et toi, qui germais dans nos veilles,
Voici ton jour, ô Liberté !

Nous, des sujets ? Non, soyons hommes.
Arrière, prélats et faquins !
Vous demandez ce que nous sommes :
    Nous sommes républicains.

Nous sommes las d'être en tutelle ;
Nous sommes las d'être à genoux.
Au nom de la grande immortelle,
Soyons nos maîtres : levons-nous !
Si nos tyrans et leurs complices
Redoutent notre cruauté.
Imposons-leur pour tous supplices
Le niveau de l'égalité.

Nous, des sujets ? Non, soyons hommes.
Arrière, prélats et faquins !
Vous demandez ce que nous sommes :
    Nous sommes républicains.

Devoirs et droits en équilibre
Assurent la fraternité ;
Et sur la commune, enfin libre,
Nous fondons la société.
Vieille Europe, par nous guidée,
Substitue, au premier signal,
Les états-unis de l'idée
A l'empire du capital.

Nous, des sujets ? Non, soyons hommes.
Arrière, prélats et faquins !
Vous demandez ce que nous sommes :
    Nous sommes républicains.

Serf de la glèbe, prolétaire,
Applaudis à notre progrès.
Tes sueurs fécondaient la terre
Pour nourrir un pape à l'engrais ;
Mais nous, qui bravons la tempête,
Sans peur, sans regrets et sans fiel,
Nous ne voulons sur notre tête
Aucun despote, même au ciel.

Nous, des sujets ? Non, soyons hommes.
Arrière, prélats et faquins !
Vous demandez ce que nous sommes :   *Bis.*
    Nous sommes républicains !

SA FENÊTRE

Air nouveau de VAUDRY.

Nous échangions sans rien dire,
Tous les jours, au même lieu,
Un petit signe, un sourire,
Pour bonjour et pour adieu.
Je menais mes moutons paître,
Et le soir, à mon retour,   *Bis*
Je saluais la fenêtre
Où j'avais rêvé d'amour.   *Bis.*

Lorsque dans nos tristes plaines
Venait le printemps joyeux,
Oh! j'accourais les mains pleines
Des fleurs qu'elle aimait le mieux.
En attendant que le prêtre
Daignât nous bénir un jour,
Je décorais la fenêtre
Où nous nous parlions d'amour.

Mais l'ambition avide
Troubla sa jeune raison,
Et mon cœur qui saigne est vide,
Vide comme sa maison.
De moi vous rirez peut-être :
C'est en vain que je voulus   *Bis.*
Fuir loin de cette fenêtre
Où l'amour ne m'attend plus.   *Bis.*

LA RONDE DES CLÉS
(1863)
Air de la Ronde des blés.

Nous qui payons notre place au parterre,
Quand des claqueurs, sous le lustre assemblés,
Par leurs battoirs nous forcent à nous taire,
   Entonnons la ronde des clés !   *Bis.*

   Sur le théâtre de la vie
      Que de héros !
   Sans nul choix, la foule ravie
Applaudit tour à tour victimes et bourreaux. *Bis.*
   Nous, dont l'humeur un peu fantasque
   S'accompagne d'un ris moqueur,
   Nous voulons trouver sous le masque
   Vrai corps, vrai visage et vrai cœur.

Nous qui payons notre place au parterre,
Quand des claqueurs, sous le lustre assemblés,
Par leurs battoirs nous forcent à nous taire,
   Entonnons la ronde des clés !

   Voyez cet homme au front austère,
      De noir vêtu,
   Au moribond, avec mystère,
Parlant religion, à défaut de vertu.
   Ne craignez plus que dieu vous damne,
   Dit-il, dès que je vous absous.
   Et puis, écartant sa soutane,
   Il montre le sac aux gros sous.

Nous qui payons notre place au parterre,
Quand des claqueurs, sous le lustre assemblés,
Par leurs battoirs nous forcent à nous taire,
    Entonnons la ronde des clés!

    Boustrapa met sa confiance
        Dans ses bravi.
    La poudre est toute sa science :
S'il ne l'inventa pas, il s'en est bien servi.
    Honte à qui va, muet de crainte,
    Courber le dos comme un valet!
    En t'envolant, Liberté sainte,
    Tu nous as laissé le sifflet.

Nous qui payons notre place au parterre,
Quand des claqueurs, sous le lustre assemblés,
Par leurs battoirs nous forcent à nous taire,
    Entonnons la ronde des clés!

    Amoureux ou troisièmes rôles,
        Niais, tyrans,
    Graissez la patte à quelques drôles :
Vous serez applaudis, bissés, proclamés grands. *Bis.*
    Mais si votre orgueil ridicule
    Aux bravos condamnait nos mains,
    Nous briserions votre férule :
    Nous ne sommes pas des *romains* !

Nous qui payons notre place au parterre,
Quand des claqueurs, sous le lustre assemblés,
Par leurs battoirs nous forcent à nous taire,
    Entonnons la ronde des clés! *Bis.*

LA POINTE A GUÉRIN
Air de Musette.

Nous suivions une sente étroite
Qui serpentait dans le sainfoin.
Laissant les Poissonniers à droite,
Nous tombions juste dans Saint-Ouen.
Là chaque été voyait naguère
Fleurir dans un pli du terrain
Un petit champ triangulaire
Qu'on nommait la Pointe à Guérin.

Mais un jour une main cruelle
Arracha le dernier épi.
Allons, plâtre, moellons, truelle !
Vite, un long mur blanc bien crépi !
Depuis ce temps, la plaine entière
Gémit sous le deuil qui l'étreint :
Elle est changée en cimetière,
La joyeuse Pointe à Guérin.

Le rêve rose qui s'efface
A fui devant les noirs regrets.
Les bleuets au buis ont fait place ;
Les coquelicots, aux cyprès.
Mais du temps la faux éternelle,
La faux au tranchant souverain,
D'une moisson toujours nouvelle
Enrichit la Pointe à Guérin.

Puis on a bâti des buvettes ;
Gaîment, près du champ du repos,
Paris vient manger des galettes ;
Le suresnes coule à pleins pots.

La douleur passe, poursuivie
Des rires stridents du crincrin ;
Et la mort voit danser la vie
Autour de la Pointe à Guérin.

Quand le vent souffle par la plaine,
Les enseignes grincent en chœur.
Le Souvenir de Sainte-Hélène
Va heurter le *Turco vainqueur.*
La nuit a fermé les guinguettes ;
Mais dans une ronde sans frein
On dirait qu'un bal de squelettes
Ébranle la Pointe à Guérin.

La Pointe à Guérin, sombre terre !
Grands et petits, c'est notre but.
Mais où s'en va donc — ô mystère ! —
Tout le sang que son sol a bu ?
Notre tour viendra, sans nul doute.
Lyre ou marteau, plume ou burin,
Ne prenons pas trop tôt la route
Qui mène à la Pointe à Guérin

VIVENT LES MORTS !

Air *du Mendiant et les petits oiseaux* (STRETCH).

On nous disait : La vertu loin du monde
S'est exilée en fuyant les pervers.
On disait vrai : tout cimetière abonde
En morts fameux, que vantent prose et vers.

Là, bon ami, bon époux et bon père,
A juste prix chaque jour sont reçus.
Tant de vertus se cachent sous la terre,
  Qu'on est honteux d'être dessus.

  Oubliant plaisir et souffrance,
  Exempts de crainte et de remords,
  Sans regret et sans espérance,
    Vivent les morts !   *Bis.*

De grands pécheurs, héros d'un siècle étrange,
La dague au poing, narguaient morale et lois.
Ils consumaient dans l'orgie et la fange
Le fruit honteux de leurs sanglants exploits.
Mais en mourant ils confessaient l'Eglise :
Blasphème ou meurtre, on doit tout oublier.
Sur parchemin Rome les canonise :
  Tant pis pour le calendrier !

  Oubliant plaisir et souffrance,
  Exempts de crainte et de remords,
  Sans regret et sans espérance,
    Vivent les morts !

Du joug charnel l'âme qui se délivre
Attend des cieux ou grâce ou châtiment.
Au dernier jour, nous mourons pour revivre,
Et le corps même aura son jugement.
Dans son pathos, ainsi nous parle un prêtre ;
Mais qu'espérer au delà du trépas ?
Morts indiscrets, vous le diriez peut-être...
  Par bonheur, vous ne parlez pas.

  Oubliant plaisir et souffrance,
  Exempts de crainte et de remords,
  Sans regret et sans espérance,
   Vivent les morts!

Osez encor, valets de la puissance,
Effrontément nous vanter vos bons rois.
Pour cent tyrans que votre voix encense,
L'histoire à peine en compte deux ou trois.
Pauvre bétail qu'on enchaîne et qu'on parque,
Peuple-troupeau qui gémis sous le faix,
Pour toi, la mort de ton meilleur monarque
 Est le plus grand de ses bienfaits.

  Oubliant plaisir et souffrance,
  Exempts de crainte et de remords,
  Sans regret et sans espérance,
   Vivent les morts!

Vivent les morts! L'homme atteint de génie
Sur un grabat expire obscur et nu;
Et jusqu'au bout de sa lente agonie,
De son pays il se voit méconnu.
Dans le tombeau quand il va disparaître,
Sur son front pâle une auréole a lui.
Nobles élus, parlez : Voulez-vous être
 Grands demain ? — Mourez aujourd'hui.

  Oubliant plaisir et souffrance,
  Exempts de crainte et de remords,
  Sans regret et sans espérance,
   Vivent les morts!   *Bis.*

LE RÉVEIL DE LA CHANSON

Air *de Jadis et Aujourd'hui.*

On nous dit, comme une merveille,
Que, malgré nos auteurs nouveaux,
La chanson parmi nous sommeille :
La romance a tant de pavots !
A bas les airs de Jérémie,
Qu'ils soient en *sol* ou bien en *la* !
Si la chanson s'est endormie,
Par des flonflons réveillons-la.   *Bis.*

Que le printemps enfin renaisse :
A nous violette et pinson !
C'est la fête de la jeunesse
Pour les amours, pour la chanson.
Choisissons-nous vite une amie,
Entre Lucrèce et Dalila ;
Si la chanson s'est endormie,
Par des baisers réveillons-la.

Toi que le ridicule attire,
Sage ironie, où donc es-tu ?
Livrer le vice à la satire,
C'est rendre hommage à la vertu.
Viens stigmatiser l'infamie
Qui d'un saint masque se voila ;
Si la chanson s'est endormie,
Par des sifflets réveillons-la.

De l'avenir ardents apôtres,
Suivez votre noble chemin ;
Un progrès en réclame d'autres,
Et la gloire vous tend la main ;
La routine, absurde momie.
A beau vous crier : Halte-là !
Si la chanson s'est endormie,
Par des bravos réveillons-la.

Assez longtemps un dur chômage
A désolé nos ateliers ;
Plus de babil, plus de ramage ;
Adieu nos refrains familiers.
Depuis, notre voix affermie
Au bruit des marteaux se régla ;
Si la chanson s'est endormie,
Par des *pan! pan!* réveillons-la.

On me dit, derrière l'épaule :
Quitte l'erreur où tu te plais ;
Entonne un refrain un peu drôle :
Le vin dictera les couplets.
C'est elle, et sa face blêmie
S'empourpre au doux jus que voilà ;
Si la chanson s'est endormie,
Par des glouglous réveillons-la.   *Bis.*

LES FEUILLES

A J.-M. Demoule.

Air nouveau.

O romance, garde tes fleurs :
    Quand tu les cueilles,
Tu les fanes avec tes pleurs.
Vrais chansonniers, à nous les feuilles !

Sous le myrte au feuillage vert,
Cet emblème de l'harmonie,
Des conjurés cachaient le fer
Aiguisé pour la tyrannie.
Mais nous ne demandons aux lois
Que la liberté des caresses ;
Le myrte a de plus doux emplois :
Nous le tressons pour nos maîtresses.

O romance, garde tes fleurs :
    Quand tu les cueilles,
Tu les fanes avec tes pleurs.
Vrais chansonniers, à nous les feuilles !

La gloire que tu te promets,
Ne crains pas, guerrier ou poëte,
Qu'elle t'abandonne jamais,
Même sur la tombe muette.
Le laurier doit récompenser
La lyre aussi bien que les armes.
Qu'importe qu'on ait fait verser
Des flots de sang ou quelques larmes !

O romance, garde tes fleurs :
  Quand tu les cueilles,
Tu les fanes avec tes pleurs.
Vrais chansonniers, à nous les feuilles!

Le cep, chauffé par le soleil,
Aux fraîcheurs des nuits se résigne.
En attendant son fruit vermeil,
Nous avons les feuilles de vigne.
Ces feuilles, joyeux biberons,
Au lierre sont entrelacées ;
Si nous en décorons nos fronts,
N'en mettons pas à nos pensées.

O romance, garde tes fleurs :
  Quand tu les cueilles,
Tu les fanes avec tes pleurs.
Vrais chansonniers, à nous les feuilles!

Que le sybarite accompli,
Quand sur des fleurs son corps repose,
Se plaigne et s'offense du pli
Qu'il sent aux feuilles d'une rose.
Aux édens que nous nous créons,
Elle orne de couleurs choisies
La coupe des Anacréons
Et la lèvre des Aspasies.

O romance, garde tes fleurs :
  Quand tu les cueilles,
Tu les fanes avec tes pleurs.
Vrais chansonniers, à nous les feuilles!

Sans tige, mais non pas sans fleurs,
Il est une autre feuille encore ;
De ses rêves, de ses douleurs
L'esprit la souille ou la décore.
Volant au hasard, Dieu sait où,
Bien à tort on la dit méchante :
Pauvre feuille, elle souffre tout,
Même les vers que je vous chante.

O romance, garde tes fleurs :
    Quand tu les cueilles,
Tu les fanes avec tes pleurs.
Vrais chansonniers, à nous les feuilles !

LA VIEILLESSE

Air du Grenier.

Oui, je vieillis ; qui vous dit le contraire !
Je compte enfin plus de deux fois vingt ans.
J'en suis heureux, ô mon jeune confrère,
Car mon été vaut bien certains printemps.
Mais croyez-moi : si ma barbe s'argente,
Si dans mon cœur passe un sang attiédi,
Si je grossis, si ma marche est plus lente,
Je ne suis pas aussi vieux qu'on le dit.

Nos devanciers, mes maîtres et les vôtres,
Disaient : Courage ! à mes premiers essais ;
Et le conscrit bientôt, tout comme d'autres,
Sur ses travaux vit briller le succès.

Fortifié par les fautes passées,
Que mon essor soit timide ou hardi,
Mon vers se plie à toutes mes pensées :
Je ne suis pas aussi vieux qu'on le dit.

Sans rechercher les effets et les causes,
Nous avons tous, comme nos bons aïeux,
Chanté l'amour, la bouteille et les roses ;
Vous, jeunes gens, vous les chanterez mieux.
Pour fustiger, sous diverses bannières,
Le noir tartufe et le sot en crédit,
Mon fouet encore a toutes ses lanières :
Je ne suis pas aussi vieux qu'on le dit.

Au pays bleu, qui proscrit la satire,
Un air penché peut sembler de bon ton :
Des fins gaulois le franc et large rire
Sied davantage à mon double menton.
Et cependant, sans vaine pruderie,
Je suis *chauvin*, et mon cœur qui bondit
Palpite encore au nom de la patrie :
Je ne suis pas aussi vieux qu'on le dit.

A l'idéal je comprends qu'on aspire ;
Mais, sur nos sens si l'âme doit régner,
Pour un vivant, qu'il chante ou qu'il soupire,
Le corps non plus n'est pas à dédaigner.
A maint transport j'ai mis une sourdine,
Mais mon soleil ne s'est pas refroidi.
Même en amour, si j'en crois ma voisine,
Je ne suis pas aussi vieux qu'on le dit.

Qui peut savoir ce que l'heure prochaine
A nos désirs doit laisser de regrets ?
L'impatience a rivé notre chaîne :
Reposons-nous sur l'éternel progrès.
En attendant, quand votre ardeur s'élance
Vers l'horizon à mes pas interdit,
Comme autrefois je chante l'espérance :
Je ne suis pas aussi vieux qu'on le dit.

LA BASTILLE

Air du Palais des papes.

Où me conduisez-vous ? Moi, libre ? C'est un rêve,
Dans ma prison, ce soir, un homme est descendu :
Debout ! m'a-t-il crié. J'hésite, je me lève,
Et bientôt de stupeur je m'arrête éperdu.
Je franchis du guichet l'enceinte étroite et morne :
Partout la foule émue et le bruit des combats ;
Sur ma tête, le ciel et l'horizon sans borne ;
    L'immensité devant mes pas !

Amis, laissez-moi fuir ce fracas qui m'enivre.
Laissez-moi fuir ce jour dont l'éclat m'éblouit.
Séparé des humains, j'ai désappris à vivre :
Rendez-moi mon cachot, mon silence et ma nuit.

Je cherche vainement la maison de mon père,
Humble toit où l'honneur s'est abrité jadis ;
La chambre où j'ai fermé les yeux de notre mère ;
Je cherche vainement le berceau de mes fils.

Sur le sol où, joyeux, s'écoula mon jeune âge,
De mes persécuteurs est le palais altier :
La pioche a dispersé, comme un souffle d'orage,
    La cendre du pauvre foyer.

Amis, laissez-moi fuir ce fracas qui m'enivre,
Laissez-moi fuir ce jour dont l'éclat m'éblouit.
Séparé des humains, j'ai désappris à vivre :
Rendez-moi mon cachot, mon silence et ma nuit.

D'un ancien serviteur le souvenir m'éclaire,
Dans l'ombre du passé pâle et tremblant flambeau :
Ma femme ! Après vingt ans de lutte, de misère,
Elle m'a précédé dans l'oubli du tombeau.
Mes fils, sur l'Océan conduits par l'avarice,
Entre eux et la patrie ont mis un monde entier...
Hélas ! mourir n'est rien, mais quel affreux supplice,
    Grand Dieu, de mourir le dernier !

Amis, laissez-moi fuir ce fracas qui m'enivre,
Laissez-moi fuir ce jour dont l'éclat m'éblouit.
Séparé des humains, j'ai désappris à vivre :
Rendez-moi mon cachot, mon silence et ma nuit.

Captif, j'avais laissé sommeiller ma mémoire ;
J'oubliais, insensé, que le temps fuit toujours.
Solitaire et muet, je supprimais l'histoire
Et de l'éternité je suspendais le cours.
Il faut qu'en un moment ce rêve si doux meure.
Le glas résonne : adieu, suprême illusion !
Le néant a pour moi dévoré dans une heure
    Toute une génération.

Amis, laissez-moi fuir ce fracas qui m'enivre,
Laissez-moi fuir ce jour dont l'éclat m'éblouit.
Séparé des humains, j'ai désappris à vivre :
Rendez-moi mon cachot, mon silence et ma nuit.

Oh ! pourquoi donc Paris, au jour de sa colère,
Ecrasa-t-il du poing ce vieux nid de vautours ?
Je trouvais dans ces murs un abri tutélaire ;
Calme, je végétais dans l'ombre de ces tours.
L'âme sous les verrous se redresse plus fière ;
Et j'attendais, pareil au titan foudroyé,
Que, vieilli quarante ans dans un cercueil de pierre,
    Mon cœur se fût pétrifié.

Amis, laissez-moi fuir ce fracas qui m'enivre,
Laissez-moi fuir ce jour dont l'éclat m'éblouit.
Séparé des humains, j'ai désappris à vivre :
Rendez-moi mon cachot, mon silence et ma nuit.

L'APPRENTI

A Constant Chaplain.

Air nouveau.

Par tous les temps, qu'il pleuve ou gèle,
Saute-ruisseau des mieux appris,
Je visite, sans trop de zèle,
Cinquante quartiers de Paris.
Mais je me dédommage en route,
Et ne cours pas toujours en vain :
Chaque pain me laisse une croûte,
Et chaque litre un doigt de vin.

> Pauvre apprenti,
> Fais-toi petit;
> Tu peux être
> Un beau jour
> Maître
> A ton tour. } *Bis.*

Je passe plus d'une nuit blanche ;
Et pour souffler, chétif moutard,
J'ai la moitié de mon dimanche ;
Quant au lundi, c'est pour plus tard.
Le soir, grâce à ma tirelire,
J'achète, bravant les chaleurs,
Au Lazari, deux sous de rire,
A la Gaîté, six sous de pleurs.

> Pauvre apprenti,
> Fais-toi petit;
> Tu peux être
> Un beau jour
> Maître
> A ton tour.

Tous n'attrapent point la fortune,
Et le destin est un sans-cœur.
Bah ! chacun sa place à la lune ;
Luttons donc, et gloire au vainqueur !
Puis, le courage en moi s'éveille ;
A seize ans, on n'est plus gamin.
Bonsoir, bambocheur de la veille !
Salut, piocheur du lendemain !

>   Pauvre apprenti,
>   Fais-toi petit ;
>   Tu peux être
>   Un beau jour
>   Maître
>   A ton tour.

Oui, voilà l'honneur où j'aspire :
Etre un ouvrier *pour de vrai*.
Quel beau jour, quand je pourrai dire :
Vois, ma mère, j'ai mon livret !
A présent, il faut en découdre
Et jeter la noce à l'oubli.
Comme un soldat qui sent la poudre,
L'ouvrier vole à l'établi.

>   Pauvre apprenti,
>   Fais-toi petit ;
>   Tu peux être
>   Un beau jour
>   Maître
>   A ton tour.

Un espoir double mon courage :
L'espoir rend légers bien des maux ;
Je vois, à travers un mirage,
Une femme, un, deux, trois marmots !
Tout ça vit, remue et fourmille ;
Tout ça mange... Soyons prudent !
Avant d'avoir de la famille,
Il faut être homme ! En attendant...

> Pauvre apprenti,
> Fais-toi petit ;
> Tu peux être
> Un beau jour
> Maître
> A ton tour.   } *Bis.*

LES GRÈVES

Air *nouveau.*

Plus de sapins ! dit Paris qui se lève ;
Fléau plus noir qu'un choléra-morbus.
Pauvre Paris ! Les cochers sont en grève :
Marche toi-même ou grimpe en omnibus.
Fais mieux, attends que le vent te seconde ;
Léger de gaz et lesté de *quibus*,
Frète un ballon, vole de monde en monde :
    C'est la grève des omnibus.

Des haricots, des copeaux de teinture,
De l'eau, du sucre et de l'esprit de bois :
C'est la formule ; avec cette mixture
Tel cabaret fait son vin chaque mois.
Pâlis, Bacchus, devant ces trucs ignobles !
Ton jus plus tard trouvera des vengeurs.
Jetons au feu les ceps de nos vignobles :
    C'est la grève des vendangeurs.

Le peuple attend. — Quoi ! N'a-t-il pas la gloire,
L'art, l'industrie, au mirage éclatant ?
— Quoiqu'il se taise, il a bonne mémoire :
Il sait souffrir ; mais toujours il attend.

— Qu'espère-t-il, ce peuple ingrat qui gronde,
Tas d'affamés qui veulent tout pour eux ?
— Ce que Jésus avait promis au monde :
    C'est la grève des malheureux.

Heureux bourgeois, dans votre capitale
L'eau de la Dhuis monte jusqu'au grenier,
Quand sous vos pieds le macadam s'installe,
Le gaz éclaire et se fait cuisinier.
Vous avez tout : eau, chaleur et lumière.
Adieu, cotrets, charbon, pommes de pins,
Seaux et tonneaux ! Car pour la vie entière
    C'est la grève des auverpins.

Que sont nos chants, quand la brise qui passe,
Par les grands bois, sur l'eau, dans les prés verts,
Cueillant tout bruit dont frissonne l'espace,
Forme un seul chœur de mille sons divers ?
La parole est à la nature immense,
Du vil brin d'herbe aux plus hauts marronniers.
Homme, tais-toi ! L'hymne infini commence :
    C'est la grève des chansonniers.

A JULES JANIN

(1867)

Air : *Contentons-nous d'une simple bouteille.*

Pour célébrer ou *Juillet* ou *Décembre*
Peu soucieux de creuser ton cerveau,
En pur lettré, va, sans faire antichambre,
Monte d'emblée aux honneurs du Caveau.

Mais ne crois pas, comme on te le souhaite,
De la chanson devenir bâtonnier.
Toi, chansonnier ! non, tu n'es qu'un poëte.
Heureux Janin, tu n'es pas chansonnier.

Mère Chanson, en gueule un peu trop forte,
Loin des salons a dressé son autel.
Tout corps savant lui ferme au nez la porte,
Et Laujon seul put passer immortel.
De l'Institut si ta muse est bannie,
N'as-tu pas mieux sous ton toit casanier :
L'esprit, le cœur, le goût et le génie !
Heureux Janin, tu n'es pas chansonnier.

Et cependant, roi de la fantaisie,
Un seul drapeau devrait nous protéger ;
Car nous jurons, frères en poésie,
Toi, par Horace, et moi, par Béranger.
Lorsque mes vers, tout en discutant ferme,
Valent cent sous chez Duchenne ou Vanier,
D'un feuilleton tu peux payer ton terme.
Heureux Janin, tu n'es pas chansonnier.

Dans la carrière, hélas, que j'ai suivie,
Hors toutefois quelques cercles bénis,
Sire l'Orgueil et demoiselle Envie
Vivent toujours étroitement unis.
Mais aux *Débats* ta verve téméraire,
Quitte à blesser un monde cancanier,
Ose applaudir aux succès d'un confrère :
Heureux Janin, tu n'es pas chansonnier.

Libre et facile en ta savante allure,
Longtemps encor, de ton Tibur gaulois,
Oracle aimé de la littérature,
Du vrai, du beau dicte les saines lois.
Laisse siffler la hideuse couleuvre;
Nargue l'hiver sous un ciel printanier;
Chaque lundi donne-nous un chef-d'œuvre.
Heureux Janin, tu n'es pas chansonnier.

PAUVRE FEMME!

Air : *En vérité, je vous le dis* (BÉRAT).

Pour moi la vie a commencé
Par un pénible apprentissage.
Jusqu'à l'hymen je restai sage,
Mais à quel prix! chacun le sait.
Quels combats pour une bêtise!
J'ai souvent risqué d'en maigrir,
Et puis mon mari me l'a prise :
La femme est faite pour souffrir.

Celui qui m'était destiné,
Je l'avais distingué d'avance;
Eh bien, nouveau sujet d'offense,
Par ma mère il me fut donné.
Et la loi, tyrannie indigne,
M'oblige encore à le chérir;
Il faut bien que je m'y résigne :
La femme est faite pour souffrir.

J'annonce avec un doux émoi
A mon époux qu'il devient père.
Si c'est un fils, et je l'espère,
Qu'il soit moins malheureux que moi!
Mais, fol espoir, joie éphémère!
Quand je m'apprête à le nourrir,
D'une fille me voilà mère :
La femme est faite pour souffrir.

Tous les plaisirs dans mon séjour
Ont établi leur domicile;
Mon mari, c'était difficile,
M'aime encor plus qu'au premier jour.
Toujours en fêtes, dans ma vie
Jamais l'ennui ne vient s'offrir :
Et le monde me porte envie!
La femme est faite pour souffrir.

NE VENDS PAS TES BAISERS

Air *des Baisers perdus* (RABINEAU).

Près d'un berceau cette mère qui veille
Avec tendresse interroge souvent
Les beaux yeux clos et la bouche vermeille
De l'ange aimé qui sourit en rêvant;
Mais tout à coup, pensive, elle abandonne
De l'enfant blond les bras blancs et rosés,
En soupirant : Que le ciel me pardonne
Ces baisers fous sur ton front déposés!
Si tu savais à quel prix Dieu les donne! ⎫
O mon enfant, ne vends pas tes baisers. ⎬ *Bis.*

Beauté vénale a-t-elle un cœur qui l'aime ?
Son œil hardi provoque le désir :
Couvrant de fard les plis de son front blême,
Aux libertins elle vend le plaisir.
Honte éternelle ou splendeur éphémère
N'éveillent plus des sens trop vite usés;
Mais qu'un enfant, fruit d'une ivresse amère,
Doive la vie à ses flancs épuisés,
Il rougira du seul nom de sa mère.
O mon enfant, ne vends pas tes baisers.

Sois toujours pure, et l'avenir te reste ;
Si ta faiblesse a besoin d'un soutien,
Vois près de toi cet ouvrier modeste;
Son jeune cœur vole au-devant du tien.
Mais un vieillard jette dans la balance
Ses vœux lascifs, par son or déguisés;
Le mot d'hymen, qu'avec adresse il lance,
Formera-t-il des liens méprisés ?...
Un amour vrai vaut mieux que l'opulence.
O mon enfant, ne vends pas tes baisers.

L'ombre régnait au Jardin des Olives,
Où dans la nuit se glissent des soldats;
Quand des flambeaux les clartés sont plus vives,
Soudain Jésus a reconnu... Judas !
Oh ! si le Christ, qu'un traître encor révère,
Aux ennemis eût crié : Vous osez !
Sous son regard, plus triste que sévère,
Dans la poussière il les eût écrasés.
Mais un baiser le conduit au Calvaire.
O mon enfant, ne vends pas tes baisers. } *Bis.*

LE PAVILLON DU VIEUX LAPIN.

Air : *Qu'il est flatteur d'épouser celle.*

Puisque l'on met au rang des fables
Le Cabaret des Trois Lurons
Et le Café des Incurables,
Ces gais réduits que nous pleurons ;
Tandis que la Cité regrette
Sa fameuse Pomme de Pin,
Aujourd'hui la chanson s'arrête
Au Pavillon du Vieux Lapin. *Bis.*

Non loin de l'ancienne barrière,
De tout Ménilmontant connu,
Pour le vin et la bonne chère
Il fait concurrence au Chat-Nu.
Passant du suresne au bourgogne,
Maint grognard que Charlet eût peint
Enlumine sa rouge trogne
Au Pavillon du Vieux Lapin.

Si quelque pilier de goguette
Trouve vert le jus de sureau,
Le gros pourvoyeur qui le guette
Riposte en lui changeant son broc :
C'est du raisin, quoi qu'on en dise,
Ou je perds mon nom de Pépin.
Le nom couvre la marchandise
Au Pavillon du Vieux Lapin.

La cuisine à toute heure est prête ;
Mais Pépin, pour remplir son pot,

Au gibier s'il coupe la tête,
Lui laisse trop souvent la peau.
Chacun, devinant la rubrique,
Marmotte, en rongeant son lopin :
On n'écorche que la pratique
Au Pavillon du Vieux Lapin.

Quand à la ronde un grain s'écrase,
Le fin couplet est de saison ;
On lâche plus d'un mot sans gaze,
Plus d'une rime sans raison ;
Pour la politique, on s'en sèvre,
Car la peur de certain grappin
Vous rend courageux... comme un lièvre,
Au Pavillon du Vieux Lapin.

Il se fait tard, minuit arrive.
Avant de gagner le dortoir,
En festonnant chaque convive,
Bon gré, mal gré, passe au comptoir.
Jamais aucun œil ne s'y crève,
Que l'on soit prince ou galopin.
L'égalité n'est pas un rêve
Au Pavillon du Vieux Lapin.

Autour d'une pinte versée
Qu'il est doux de se réunir !
On a bu pour la soif passée,
On boit pour la soif à venir.
Quittons Pépin et sa cuisine,
Mais puissions-nous, grâce à Jupin,
Dans vingt ans boire encor chopine
Au Pavillon du Vieux Lapin ! *Bis.*

QUAND JE BOIS DU VIN

A René Ponsard.

AIR : *La farira dondaine.*

Quand je bois du vin,
Si je le souhaite,
Sans être écrivain,
Je deviens poëte.

Bon !
La farira dondaine,
Gai !
La farira dondé.

Quand je bois du vin,
Des coupes vidées,
Comme un gai levain,
Naissent les idées.

Bon !
La farira dondaine,
Gai !
La farira dondé.

Quand je bois du vin,
Plus d'humeur morose :
Le monde est divin,
Toute femme est rose.

Bon !
La farira dondaine,
Gai !
La farira dondé.

Quand je bois du vin,
Après dix rasades,
Le pape et Calvin
Sont mes camarades.

   Bon !
La farira dondaine,
   Gai !
La farira dondé.

Quand je bois du vin,
Nargue des années !
J'en ai toujours vingt
A peine sonnées.

   Bon !
La farira dondaine,
   Gai !
La farira dondé.

Quand je bois du vin,
Qu'il fait bon de vivre !
Suivant un devin,
Je dois mourir ivre.

   Bon !
La farira dondaine,
   Gai !
La farira dondé.

BÉRANGER

Air *de la Fée aux Aiguilles.*

Quand les feux du midi font place
Au tiède azur d'un ciel calmé,
Rêveur, je murmure à voix basse
Les refrains d'un poëte aimé.
Mais l'astre du jour prend la fuite ;
La nuit accourt d'un pas léger...
Soleil, ne t'en va pas si vite :
Je lis les vers de Béranger.

Dans ses pages pleines de charmes
Ce livre, à la fois grave et doux,
Met le sourire près des larmes
Et le pardon près du courroux.
Ces vieux rois, qu'un vain lis abrite,
Sans maudire il sait les juger.
Soleil, ne t'en va pas si vite :
Je lis les vers de Béranger.

Loin de nos combats, de nos haines,
Sa muse rêve un autre sort :
Au-dessus des sphères humaines,
Joyeuse, elle prend son essor.
Avec son *âme* qui le quitte,
Dans les cieux j'aime à voyager.
Soleil, ne t'en va pas si vite :
Je lis les vers de Béranger.

Combien de sublimes pensées
Son cœur burina dans nos cœurs,

Quand de nos gloires terrassées
Il fit une honte aux vainqueurs !
D'un vers où la France palpite
Il a souffleté l'étranger...
Soleil, ne t'en va pas si vite :
Je lis les vers de Béranger.

Il vint une heure où, plus sensible,
Comptant et regrettant ses jours,
Le soir, *au coin d'un feu paisible,*
Des ans il remonta le cours.
Du passé, dans son humble gîte,
Il vit le sylphe voltiger.
Soleil, ne t'en va pas si vite :
Je lis les vers de Béranger.

Quand la liberté pour le monde
En juillet paraît rajeunir,
Sa voix, plus mâle et plus profonde,
Salue un nouvel avenir.
Son courage réhabilite
Des *fous* qu'on osait outrager.
Soleil, ne t'en va pas si vite :
Je lis les vers de Béranger.

Comme la campagne muette
Voit s'assombrir un soir si beau,
Ainsi ta splendeur, ô poëte,
Semble disparaître au tombeau.
Mais le temps, bien qu'il s'en irrite,
Change en gloire un deuil passager.
Soleil, ne t'en va pas si vite :
Je lis les vers de Béranger.

JÉSUS

Air d'*Asmodée ou du Suicide.*

Quelles clameurs, quelles plaintes amères
De nos béats troublent le doux repos?
Que de regrets pour de vaines chimères!
La vérité n'a donc plus d'oripeaux!
Hiboux sortis de vos antres funèbres,
L'éclat du jour va tous vous balayer.
Place au soleil! Notre Christ, pour briller,
N'a pas besoin de vos saintes ténèbres.
Relisons bien Luc, Jean, Marc et Mathieu : } *Bis.*
Pour eux Jésus n'a jamais été dieu.

Oubliez-vous le nom dont il se nomme?
Dans nos déserts comme nous passager,
Le fils de l'homme est et veut rester homme;
Il répudie un culte mensonger.
C'est un tyran, ce n'est pas notre père,
Ce Jéhova sans cesse courroucé;
Mais de la peur l'univers s'est lassé.
Il disait : Tremble! et Jésus dit : Espère.
Relisons bien Luc, Jean, Marc et Mathieu :
Pour eux Jésus n'a jamais été dieu.

Né d'une femme et façonné d'argile,
Il vint fonder un dogme plus humain ;
Et pour répandre au loin son évangile,
Meurtrit ses pieds aux cailloux du chemin.
Quand il jetait à la porte du temple,
En invoquant le nom du seul vrai dieu,

Les vils marchands qui souillaient le saint lieu,
A l'avenir il léguait cet exemple.
Relisons bien Luc, Jean, Marc et Mathieu :
Pour eux Jésus n'a jamais été dieu.

Du vieil enfer il referme le gouffre
Et dans sa tombe il en garde la clé.
Heureux, dit-il, heureux celui qui souffre ;
Heureux qui pleure : il sera consolé.
Il donne un cœur à la philosophie ;
Il pense à toi, peuple déshérité.
Au Décalogue, il lit : Fraternité.
La lettre tue et l'esprit vivifie.
Relisons bien Luc, Jean, Marc et Mathieu :
Pour eux Jésus n'a jamais été dieu.

Vous ravalez son noble sacrifice :
Et quel mérite aurait-il à souffrir ?
Car, s'il est dieu, sur lui la douleur glisse ;
Un dieu ne doit ni naître ni mourir.
D'ailleurs, Jésus, si l'étude sévère,
L'histoire en main, a dessillé nos yeux,
En vain tu perds l'auréole des dieux :
En es-tu moins mort pour nous au Calvaire ?
Relisons bien Luc, Jean, Marc et Mathieu : } *Bis.*
Pour eux Jésus n'a jamais été dieu.

MONSIEUR SATISFAIT

(Février 1871)

Air : *Combien je regrette.*

    Que tout Paris gronde
    Et pleure les siens ;
    Je suis seul au monde :
    Vivent les Prussiens !

Le bon Guillaume nous délivre
Du cheval, dont nous étions soûls,
Du poulet à vingt francs la livre
Et des soldats à trente sous.

    Que tout Paris gronde
    Et pleure les siens ;
    Je suis seul au monde :
    Vivent les Prussiens !

On se plaint dans toutes nos villes
De voir tant de Français mourir :
Autant de bouches inutiles
Que nous n'aurons plus à nourrir.

    Que tout Paris gronde
    Et pleure les siens ;
    Je suis seul au monde :
    Vivent les Prussiens !

Pouvions-nous parler d'espérance,
Le ventre creux, le gosier sec ?
La gloire, l'honneur de la France,
Tout ça ne vaut pas un bifteck.

> Que tout Paris gronde
> Et pleure les siens;
> Je suis seul au monde :
> Vivent les Prussiens!

Ah, peuple de badauds! tu cries
Après le pain, la viande et tout.
Il te faut d'autres boucheries!
Eh bien, va donc à Montretout.

> Que tout Paris gronde
> Et pleure les siens;
> Je suis seul au monde :
> Vivent les Prussiens!

L'obus respecte qui le brave.
Lâche qui fuit! Aussi je crois,
Moi qui suis resté dans ma cave,
Avoir bien mérité la croix.

> Que tout Paris gronde
> Et pleure les siens;
> Je suis seul au monde :
> Vivent les Prussiens!

Quant au peuple, qu'on le fusille!
Ne voudrait-il pas, l'entêté,
Pour lui-même et pour sa famille
Du pain et de la liberté?

> Que tout Paris gronde
> Et pleure les siens;
> Je suis seul au monde :
> Vivent les Prussiens!

BASSELIN

Air nouveau.

Qui nous rendra,
Qui chantera
Tes vaux-de-vire
Au bachique délire?
Vieux Basselin,
Ton sel malin,
Ton joyeux rire
Ont quitté le moulin.

Adroit foulon, mais gai trouvère,
Si tu travailles le matin,
Le soir tu ressaisis ton verre :
Le tic tac fait place au tintin.
Te riant de qui te gouverne,
Toujours chantant comme l'oiseau,
Ton univers est la taverne ;
Ton soleil, un vin clair sans eau.

Qui nous rendra,
Qui chantera
Tes vaux-de-vire
Au bachique délire?
Vieux Basselin,
Ton sel malin,
Ton joyeux rire
Ont quitté le moulin.

Laissant l'avare mettre en cave
Ses écus rognés ou moisis,
A l'huissier qui vient, d'un ton grave,
Te dire : Vos biens sont saisis,

Tu réponds, sans changer de gamme :
« Prenez mes vers, mes seuls enfants ;
Prenez, si vous voulez, ma femme ;
Mais ma soif, je vous le défends ! »

   Qui nous rendra,
   Qui chantera
   Tes vaux-de-vire
  Au bachique délire !
   Vieux Basselin,
   Ton sel malin,
   Ton joyeux rire
 Ont quitté le moulin.

Quand sur tes poches dégarnies
Le diable a posé son grappin,
Entonne alors les litanies
De ton cher patron Saint-Chopin :
« Buvons et faisons chère lie,
Car, n'en déplaise au tavernier,
Cent mille ans de mélancolie
Ne paieront pas un seul denier. »

   Qui nous rendra,
   Qui chantera
   Tes vaux-de-vire
  Au bachique délire !
   Vieux Basselin,
   Ton sel malin,
   Ton joyeux rire
 Ont quitté le moulin.

« Ne sortons pas de notre sphère :
Laissons le Turc et ses voisins :
Nous avons bien assez à faire
De nous occuper des raisins.
Ah! si je n'étais pas poëte,
Je préférerais, en vilain,
Au vin qui me tourne la tête,
L'eau qui fait tourner mon moulin. »

   Qui nous rendra,
   Qui chantera
   Tes vaux-de-vire
  Au bachique délire?
   Vieux Basselin,
   Ton sel malin,
   Ton joyeux rire
  Ont quitté le moulin.

Cet or, que le sot divinise,
A tes yeux n'eut jamais d'attraits;
Un couplet vineux, dont l'air grise,
De ta gaîeté fit tous les frais.
Guerre à la soif! voilà ta vie.
De ta jeunesse à ton déclin,
Tu ne portas jamais envie
Qu'aux gens dont le verre était plein.

   Qui nous rendra,
   Qui chantera
   Tes vaux-de-vire
  Au bachique délire!

Vieux Basselin,
Ton sel malin,
Ton joyeux rire
Ont quitté le moulin.

NICOLAS TAC-TAC

A Joseph Landragin.

Air *nouveau*.

Qui veut (*bis*) de bonnes allumettes,
De l'amadou, des briquets, des pierrettes ?
Venez vider mon sac.
Voilà Nicolas Tac-Tac,   *Bis.*
Le marchand d'allumettes.

Sans ancêtres et sans domaine,
Nicolas, simple enfant trouvé,
Avait toujours, bien qu'à grand peine,
Vécu libre sur le pavé.
Il était maigre, sec et jaune,
Goûtait rarement de bons mets,
Et ne demandait pas l'aumône :
Souffrir, oui ; mendier, jamais !

Qui veut de bonnes allumettes,
De l'amadou, des briquets, des pierrettes ?
Venez vider mon sac.
Voilà Nicolas Tac-Tac,
Le marchand d'allumettes.

Nicolas, grâce à ses béquilles,
Etait connu de tout Paris;
Il était fier sous ses guenilles,
Et penchait son vieux feutre gris;
Il rôdait toute la journée
Du Parvis au Palais-Marchand,
Et, pour égayer sa tournée,
Mêlait des conseils à son chant.

Qui veut de bonnes allumettes,
De l'amadou, des briquets, des pierrettes?
Venez vider mon sac.
Voilà Nicolas Tac-Tac,
Le marchand d'allumettes.

Au mendiant, il disait : Frère,
Sachez-vous résigner. D'ailleurs,
Quoi que l'on dise, la misère
Fortifie et nous rend meilleurs;
Cet or, que l'insensé désire,
Sèche le cœur. Et le barbon
Ajoutait, avec un sourire :
Hélas! que je dois être bon!

Qui veut de bonnes allumettes,
De l'amadou, des briquets, des pierrettes?
Venez vider mon sac.
Voilà Nicolas Tac-Tac,
Le marchand d'allumettes.

Au pauvre exténué de jeûnes :
Qui dîne mal soupera mieux.
Aux vieillards : Je vous ai vus jeunes!
Aux jeunes gens : Vous serez vieux!

Aux prêtres, déployant à table
Les trésors d'un luxe païen :
N'est-il pas né dans une étable,
Votre Dieu, qui vous valait bien ?

Qui veut de bonnes allumettes,
De l'amadou, des briquets, des pierrettes !
    Venez vider mon sac.
    Voilà Nicolas Tac-Tac,
    Le marchand d'allumettes.

Et puis, s'éloignant de l'église,
Il va prodiguer ses avis,
Tout en offrant sa marchandise,
Aux riches bourgeois du Parvis :
Du destin Dieu seul est le maître ;
Car le vent souffle on ne sait d'où ;
Et demain vous vendrez peut-être,
Ainsi que moi, de l'amadou.

Qui veut de bonnes allumettes,
De l'amadou, des briquets, des pierrettes !
    Venez vider mon sac.
    Voilà Nicolas Tac-Tac,
    Le marchand d'allumettes.

Du dernier sommeil quand vint l'heure,
Il s'éteignit comme un flambeau.
Nul n'avait connu sa demeure,
Et nul ne connut son tombeau.
Il n'avait ni garçon ni fille,
Mais de tous il fut regretté,
Car il avait pris pour famille
Tous les gamins de la Cité.

Qui veut (*bis*) de bonnes allumettes,
De l'amadou, des briquets, des pierrettes?
Venez vider mon sac.
Voilà Nicolas Tac-Tac, *Bis.*
Le marchand d'allumettes.

LES DEUX BOSSUS

Air *nouveau*.

Quoi qu'on pût faire ou dire,
Mal en point ou cossus,
Jamais je n'ai vu rire } *Bis.*
Comme ces deux bossus.

A chacun le sort fit divers rôles :
Tous n'ont pas fier maintien, beaux dehors ;
Tel qui raille en haussant les épaules,
A l'esprit moins bien fait que le corps.
Une bosse, est-ce donc chose énorme?
Ici-bas qui n'en a, plus ou moins?
Le bonheur n'est pas tout dans la forme,
Et j'en ai mes bossus pour témoins.

Quoi qu'on pût faire ou dire,
Mal en point ou cossus,
Jamais je n'ai vu rire
Comme ces deux bossus.

Tout enfants, et chacun le devine,
Elle et lui semblaient nés pour l'amour.
Il plaisait par sa taille et sa mine ;
Moins le dos, elle était faite au tour.

Bosse ou non, le cœur parle et l'on aime;
Doux aveux sont tout bas répétés;
Donc le maire, un beau jour, vint lui-même
Gravement marier deux galetés.

   Quoi qu'on pût faire ou dire,
   Mal en point ou cossus,
   Jamais je n'ai vu rire
   Comme ces deux bossus.

Ils sortaient, mais toujours le dimanche;
Et le soir, nos époux pétulants,
Bonnet rose, habit gris, robe blanche,
A l'envi gigottaient chez Dourlans.
De leurs dos, moins unis que les nôtres,
Les gamins se moquaient en vrais fous;
Eux riaient encor plus que les autres,
Se moquant de soi-même et de tous.

   Quoi qu'on pût faire ou dire,
   Mal en point ou cossus,
   Jamais je n'ai vu rire
   Comme ces deux bossus.

Qu'un fripon d'un peu d'or les délivre,
En deux mots ils se vont consoler :
Il nous laisse à peu près de quoi vivre;
Le gaillard aurait pu tout voler.
Si le pain fait défaut à la huche,
Deux bons bras tiennent lieu de tous biens.
L'univers n'est-il pas une ruche?
Le travail n'est pas fait pour les chiens!

Quoi qu'on pût faire ou dire,
Mal en point ou cossus,
Jamais je n'ai vu rire
Comme ces deux bossus.

La gaieté du bonheur est complice.
Pour braver hardiment tous les maux,
Ils puisaient dans leur sac à malice,
Arsenal toujours plein de bons mots.
Quand la mort, qui croyait les surprendre,
Vint un soir tout à coup les saisir,
L'un lui dit : Tu t'es bien fait attendre ;
L'autre dit : Nous mourons? quel plaisir!

Quoi qu'on pût faire ou dire,
Mal en point ou cossus,
Jamais je n'ai vu rire
Comme ces deux bossus. }*Bis.*

JE NE CHANTE PLUS
(Juin 1872)
Air : *Petit bouton d'or.*

Qu'un pauvre rimeur imberbe,
Et le ventre creux,
S'en aille coucher sur l'herbe,
Il se croit heureux.
Il rêve à quelque sirène,
Aux amours joufflus ;
Moi, quand j'ai la panse pleine,
Je ne chante plus.

Dans ce temps que nos grands pères
    Nommaient l'âge d'or,
On eut quelques jours prospères,
    On chantait encor.
Quel soir, après quelle aurore !
    Trônes vermoulus,
Si la France vous redore,
    Je ne chante plus.

Si je chantais, camarades,
    J'aurais bien chanté
Bacchus, le dieu des rasades,
    Et la liberté ;
J'aurais, comme avant décembre,
    Chanté nos élus...
Mais on s'encroûte à la chambre :
    Je ne chante plus.

J'ai pu chanter la cuisine,
    Le jus du raisin,
Les appas de la voisine,
    Le front du voisin,
Et le soleil et la lune,
    Tant que je voulus...
Hélas ! J'ai vu la *Commune* :
    Je ne chante plus.

Il eut un jour d'espérance
    L'obscur ouvrier :
Il crut défendre la France
    Et son cher foyer ;
Quand les luttes sont finies,
    O triste reflux !

Il peuple les colonies :
    Je ne chante plus.

Notre vieux roi sans couronne,
    Sans illusion,
Donne, retire et redonne
    Sa démission ;
Moi, dont la muse est ancienne,
    Après trois saluts,
Je vous donne aussi la mienne ;
    Je ne chante plus.

QUAND JE N'AVAIS PAS DE CHEMISE

Air : *Si ça t'arrive encore.*

Si j'oubliais mon jeune temps
Et ma pauvreté de grisette,
Dans cette veuve de trente ans
Reconnaîtriez-vous Lisette ?
Gras courtisans au teint fleuri,
Qui m'adulez riche et marquise,
M'auriez-vous offert un abri,
Quand je n'avais pas de chemise ! *{Bis.*

Un savetier pour un peu d'or
Vendit ses chansons et son somme :
Par vanité changeant mon sort,
J'eus tort d'imiter le bonhomme.
Mes rêves sont pleins de terreurs ;
La nuit, je crains quelque surprise.
Je me moquais bien des voleurs,
Quand je n'avais pas de chemise !

L'art des Véfours m'a prodigué
Fruits, vins exquis et chère fine;
Mais mon estomac fatigué
Ne mange plus depuis qu'il dîne.
Lorqu'on vit d'amour et d'espoir,
Au travail l'appétit s'aiguise :
Je me régalais de pain noir,
Quand je n'avais pas de chemise.

Le luxe gêne les amours.
Sous des flots épais de dentelle
L'œil d'un amant perd les contours,
Et se demande : Où donc est-elle?
Notre beauté ne brille pas
Dans ce fatras qui la déguise.
On jugeait mieux de mes appas
Quand je n'avais pas de chemise.

Hier, je vois sur mon chemin,
J'étais en superbe toilette,
Un vieillard qui me tend la main...
Et moi, j'ai détourné la tête.
Oh! qu'il dut être humilié!
Déjà sans doute il me méprise.
Mon cœur s'ouvrait à la pitié,
Quand je n'avais pas de chemise.

Pour prix de ce faste emprunté,
J'ignore ce que Dieu me garde;
Mais je regrette ma gaîté,
Mes dix-huit ans et ma mansarde.
Je trouvais à mes vœux soumis,
Sous mon toit où soufflait la bise,

Moins de flatteurs et plus d'amis,
Quand je n'avais pas de chemise. }*Bis.*

LES AMIS PERDUS

Air *nouveau.*

Sur un océan sans rivage
Ils sont partis : quelques larmes pour eux.
Honneur, honneur au courage,
Au courage malheureux !

Nous étions entrés dans la vie,
Tous les quatre, le front joyeux.
L'espoir à notre âme ravie
Montrait la terre, ouvrait les cieux.
Et maintenant, débris unique,
Le front chargé de noirs cyprès,
J'exhale sur un ton biblique
Mes souvenirs et mes regrets.

Sur un océan sans rivage
Ils sont partis : quelques larmes pour eux.
Honneur, honneur au courage,
Au courage malheureux !

L'un, tribun des plus téméraires,
Eût tenu l'emploi des Brutus ;
Il inventait des lois agraires
A faire frémir cent Gracchus ;
Et le voilà, comme Epicure,
Riche et ventru, le pauvre ami ;
Dans une grasse sinécure
Pour jamais il s'est endormi.

Sur un océan sans rivage
Ils sont partis : quelques larmes pour eux.
Honneur, honneur au courage,
Au courage malheureux !

L'autre, romantique sauvage
Et plus chevelu que Gautier,
Sous sa poulaine moyen-âge
Broyait Racine sans quartier ;
Mais par le bon sens engourdie,
Un beau jour sa muse se tut.
Il est mort d'une tragédie,
Et sa tombe est à l'Institut.

Sur un océan sans rivage
Ils sont partis : quelques larmes pour eux.
Honneur, honneur au courage,
Au courage malheureux !

Le dernier, nouveau Lovelace,
Malgré ses attraits un peu mûrs,
Continua longtemps la race,
La noble race des Arthurs.
Aujourd'hui, repliant son aile,
Ce vieux Cupidon ennuyé,
Porte des gilets de flanelle :
Le malheureux s'est marié !

Sur un océan sans rivage
Ils sont partis : quelques larmes pour eux.
Honneur, honneur au courage,
Au courage malheureux !

Pour moi, l'espoir teignait en rose
Tous les rêves que j'ébauchais ;
Mais la vie est pleine de prose,
Et j'ai brisé mes vains hochets.
Dans ma solitude muette
J'en conservais un, le dernier :
J'avais cru m'endormir poëte...
Je me réveille chansonnier.

 Sur un océan sans rivage
Ils sont partis : quelques larmes pour eux.
  Honneur, honneur au courage,
  Au courage malheureux !

L'ÉTABLE

Air nouveau de Darcier.

Tandis que nous sommes à table,
Les volets clos, les marmots endormis,
Nous pouvons chanter, mes amis,
  Mon étable.

Sous ses joubarbes chevelues
Voilà longtemps qu'on a croisé
Ses grandes poutres vermoulues
Sur ses murs bâtis en pisé.
Quand là-haut le tonnerre gronde,
Je m'en viens prier en ce lieu :
Salut, sanctuaire du monde !
Salut, humble berceau d'un dieu !

Tandis que nous sommes à table,
Les volets clos, les marmots endormis,
Nous pouvons chanter, mes amis,
Mon étable.

Une bête trop dédaignée
Travaille près d'un tas de foin ;
Voyez-vous l'utile araignée
Tissant sa toile dans un coin ?
Respecte ce labeur modeste,
O bétail : c'est là qu'en volant
Se prend, se débat, enfin reste
L'insecte qui te pique au flanc.

Tandis que nous sommes à table,
Les volets clos, les marmots endormis,
Nous pouvons chanter, mes amis,
Mon étable.

Lorsque, aux derniers jours de décembre,
Le boudin se mange en gala,
Plus d'un ami manque de chambre ;
Mais qu'importe ! l'étable est là.
On y dort très-bien. Dieu me damne !
La litière est douce le soir,
Et les bœufs, demandez à Jeanne,
Ne sont pas seuls à le savoir.

Tandis que nous sommes à table,
Les volets clos, les marmots endormis,
Nous pouvons chanter, mes amis,
Mon étable.

L'hiver, quand au dehors le givre
A grand bruit cingle les carreaux,
Que la lourde lampe de cuivre
Eclaire guimpes et sarraux,
Quand la porte est bien verrouillée,
Que les soucis ont pris congé,
A l'étable on fait la veillée :
Autant de bois de ménagé !

Tandis que nous sommes à table,
Les volets clos, les marmots endormis,
Nous pouvons chanter, mes amis,
Mon étable.

Vous qui dans les plaisirs des villes
Epuisez encore en riant
Vos santés déjà trop débiles,
Humez cet air fortifiant.
Est-ce pour moi seul que je sème !
Hélas, pourquoi ne puis-je pas
Sous mon chaume abriter de même
Tous les parias d'ici-bas !

Tandis que nous sommes à table,
Les volets clos, les marmots endormis,
Nous pouvons chanter, mes amis,
Mon étable.

LES TEMPLIERS

Air *nouveau de* J. Duval.

Templiers, honnête canaille,
Notre quartier nous a donné son nom ;
Qu'il soit rempli de vin, ou crache la mitraille,
Nous ne craignons pas un canon.

Les Templiers, ces soldats-prêtres,
N'ont pas baptisé nos berceaux.
Nous comptons parmi nos ancêtres
Moins de seigneurs que de vassaux ;
Mais, ennemis de la paresse,
Tordant le fer, fondant l'émail,
Nous avons le cœur pour noblesse,
Pour religion le travail.

Templiers, honnête canaille,
Notre quartier nous a donné son nom ;
Qu'il soit rempli de vin, ou crache la mitraille,
Nous ne craignons pas un canon.

De Saint-Martin à la Bastille
Et de la Grève au boulevard,
Notre *Marais* vit et fourmille,
A tout métier mêlant de l'art.
Gens de couvent ou de caserne,
Raillez nos blouses en lambeaux ;
Si nous brisons une lanterne,
Nous allumons d'autres flambeaux.

Templiers, honnête canaille,
Notre quartier nous a donné son nom ;
Qu'il soit rempli de vin, ou crache la mitraille,
Nous ne craignons pas un canon.

Dans ce temple de l'industrie
Inauguré par nos aïeux,
Nous façonnons pour la patrie
L'or, et le fer, plus précieux ;
Fleurs et bijoux sont les merveilles
De nos doigts et de nos esprits :
C'est nous qui sommes les abeilles
De la grande ruche Paris.

Templiers, honnête canaille,
Notre quartier nous a donné son nom ;
Qu'il soit rempli de vin, ou crache la mitraille,
Nous ne craignons pas un canon.

C'est dimanche : adieu la grand ville !
En six jours on peut être las.
Montons la côte où Romainville
Nous garde ses derniers lilas.
Tout le jour, on rit, chante, et trotte,
Et puis le soir, bonheur complet,
On savoure la gibelotte
Et le vin clair de Bagnolet.

Templiers, honnête canaille,
Notre quartier nous a donné son nom ;
Qu'il soit rempli de vin, ou crache la mitraille,
Nous ne craignons pas un canon.

Mais il ne s'agit plus de fêtes :
Hélas ! ces temps sont loin de nous.
Le Prussien, fier de nos défaites,
Prétend nous voir à ses genoux.
Levons-nous, pour toute réplique;
Ressaisissons nos vieux flingots;
Pour défendre la République,
Devant la mort tous sont égaux.

Templiers, honnête canaille,
Notre quartier nous a donné son nom;
Qu'il soit rempli de vin, ou crache la mitraille,
Nous ne craignons pas un canon.

MARIÉE

Air de Yelva, ou Air nouveau de DARCIER.

Toi, mariée !... Et tu veux que j'oublie !
Ah ! j'aurais dû mourir sans te revoir.
On l'a voulu ! Mais tes serments, Julie,
N'étaient-ils pas plus forts qu'un froid devoir ?
Quand je partis, pour gage de ta flamme,
Tu me donnas un baiser, le premier...
Ah ! pardonnez : je me souviens, madame,
En songeant qu'il faut oublier.

A tes genoux, plein d'espoir et d'ivresse,
Je te vouais un éternel amour;
Tu me jurais que pour moi ta tendresse
Ne s'éteindrait qu'avec ton dernier jour.
Quand tes beaux yeux me laissaient voir ton âme,
De tes serments comment me défier ?

Ah ! pardonnez : je me souviens, madame,
　　En songeant qu'il faut oublier.

Quoi, tout est mort ? Ce n'était qu'un mensonge,
Ces doux projets d'un riant avenir !
De ce bonheur, effacé comme un songe,
N'aurai-je rien, pas même un souvenir !
Ces simples fleurs que de toi je réclame,
A mes regrets peux-tu les envier ?
Ah ! pardonnez : je me souviens, madame,
　　En songeant qu'il faut oublier.

Pas une larme à qui demande grâce !
Pas un regard seulement d'amitié !
Pas un seul mot qui pardonne ou menace !
Pas un soupir, un geste de pitié !
Ne croyez pas que pour une autre femme
Batte ce cœur qui ne sait plus prier ;
Non, car je veux vous obéir, madame :
　　Je vais mourir pour oublier.

A LA TOUR SAINT-JACQUES

Air *des Paysans* (DARCIER).

Tombeau muet, nef dépeuplée,
Pauvre église où Flamel rêva,
Tu survis, morne et désolée,
A chaque siècle qui s'en va.
O tour silencieuse et noire,
Où le corbeau n'a plus un cri,
Que tu dois envier la gloire
De ton frère aîné Saint-Merri !

Des jours passés arrière-garde,
Vieille tour, à quoi songes-tu ?
Tu restes debout ; mais prends garde :
Nous n'avons pas tout abattu.

Où donc est ta voûte, si haute
Qu'on eût dit que le ciel s'ouvrait
Quand, le jour de la Pentecôte,
Le pigeon sacré l'effleurait ?
Qu'as-tu fait de ton droit d'asile,
Au seuil duquel mourait la loi ?
Ah ! des vieux murs si tout s'exile,
Où donc trouver encor la foi ?

Des jours passés arrière-garde,
Vieille tour, à quoi songes-tu ?
Tu restes debout ; mais prends garde :
Nous n'avons pas tout abattu.

La foi ! Partout elle rayonne.
La foi ! C'est la ruche en travail.
C'est l'antique mer qui bouillonne
Sous le moderne gouvernail.
C'est l'impitoyable charrue
Dont le sillon, quand il lui plaît,
Par nos cités creuse une rue
Avec la roideur d'un boulet.

Des jours passés arrière-garde,
Vieille tour, à quoi songes-tu ?
Tu restes debout ; mais prends garde :
Nous n'avons pas tout abattu.

Oui, le travail, et non la guerre,
Doit fonder le globe nouveau.
Les têtes se courbaient naguère
Sous un terrible et froid niveau.
Moins sanglante, mais plus féconde,
La pioche, arme qu'il faut bénir,
Perce et découvre aux yeux du monde
Les horizons de l'avenir.

Des jours passés arrière-garde,
Vieille tour, à quoi songes-tu ?
Tu restes debout ; mais prends garde :
Nous n'avons pas tout abattu.

Poursuis ta mission sereine,
France, voici des jours meilleurs.
Prépare une plus vaste arène,
Où combattront nos travailleurs.
De Paris, la ville éternelle,
Tu peux être fière ; demain
La grande cité sous son aile
Abritera le genre humain.

Des jours passés arrière-garde,
Vieille tour, à quoi songes-tu ?
Tu restes debout ; mais prends garde :
Nous n'avons pas tout abattu.

LUDIBRIA VENTIS

Air de *Philoctète*.

Tristes ou gais, partez, mes pauvres vers :
Envolez-vous, et que le ciel vous guide !
Hardis enfants d'une muse timide,
Pour vous, hélas, les lauriers sont trop verts.
Mais votre essaim qui folâtre et babille
A nos neveux promet des jours meilleurs :
Sur leur chemin tombez comme des fleurs,⎫ *Bis.*
Humbles feuillets que le vent éparpille. ⎭

Laissez l'oisif jusqu'au bord du tombeau
Traîner le poids d'une inutile vie.
Que de son or la sottise ravie
Raille à son gré l'enclume et le rabot !
Mieux que le glaive, une fragile aiguille
De l'univers conduit le gouvernail.
Glorifiez le modeste travail,
Humbles feuillets que le vent éparpille.

Quel est ce bruit ?... Un concert de sanglots
Franchit les mers et jusqu'à nous arrive :
Un malheureux sur la lointaine rive
Mêle sa plainte au murmure des flots.
S'il rêve encore et patrie et famille,
Rêve si doux et si vite envolé,
Portez l'espoir au cœur de l'exilé,
Humbles feuillets que le vent éparpille.

Notre âge est sombre et le ciel orageux ;
Le rire franc fait place à l'ironie.

Le doute observe et l'athéisme nie.
L'enfance même a déserté ses jeux.
Que votre verve, où l'ivresse petille,
Déride enfin ce vieux monde attristé.
De nos aïeux réveillez la gaieté,
Humbles feuillets que le vent éparpille.

Pour l'avenir fertilisez les champs
Où la pensée épandra sa semence :
Du gland tombé surgit un chêne immense :
Les temps nouveaux veulent de nouveaux chants.
Tout se prépare, et corbeille et faucille,
Pour récolter la lyrique moisson.
Faites germer la moderne chanson,
Humbles feuillets que le vent éparpille.

Quand tu viendras refaire enfin les parts,
Egalité, que notre siècle appelle,
Au grand banquet la table fraternelle
Réunira tous les hommes épars.
En attendant, l'indigent qui grappille
Bénit les mains qui l'ont déshérité :
Dans les cœurs durs semez la charité, } *Bis.*
Humbles feuillets que le vent éparpille.

JE NE VEUX PAS MOURIR ENCORE

A Joseph Lavergne

Air de *l'Apothicaire*.

Une lettre franche de port,
Cachet noir, filets et le reste.
Voyons... Tiens, c'est moi qui suis mort ;
La date et le lieu, tout l'atteste.
Je m'insurge en vrai chansonnier,
Et pousse d'une voix sonore
Ce vers plaintif d'André Chénier : } *Bis.*
Je ne veux pas mourir encore.

Que j'aime à voir se rajeunir
Notre brillante capitale !
O plâtre, dieu de l'avenir,
Dans nos cœurs ton culte s'installe.
Demain, miracle des beaux-arts,
Paris, à peine à son aurore,
Ouvre dix nouveaux boulevards :
Je ne veux pas mourir encore.

N'est-il plus de verre à vider ?
A friper n'est-il plus de jupes ?
De ridicules à fronder ?
A-t-on berné toutes les dupes ?
Soutien du trône et de l'autel,
Hier blanc, demain tricolore,
Monsieur Prudhomme est immortel :
Je ne veux pas mourir encore.

Sans prétendre rien réformer,
J'ai chanté, dans des temps moroses,
Le printemps, le bonheur d'aimer,
Le vin, la liberté, les roses.
L'hiver fait taire les pinsons ;
Mais, quand j'ai là, tout près d'éclore,
Sur le chantier trente chansons,
Je ne veux pas mourir encore.

A rimailler tant de couplets,
Je le sais, souvent on s'attire
Moins de bravos que de sifflets,
Peu d'éloge et force satire.
Rire de ma mort, c'est permis
A ceux dont la haine m'honore ;
Mais faire pleurer mes amis !...
Je ne veux pas mourir encore. *Bis.*

ENCORE UN JOUR

A Auguste Largent

Air *de la Dernière feuille* (MARQUERIE).

Un gai soleil, perçant un ciel austère,
Revient enfin visiter nos climats.
Les chauds baisers qu'il envoie à la terre
Font fuir l'hiver et les tristes frimas.
Saison si douce et sitôt terminée !...
Petits oiseaux, narguez le temps qui court.
Votre jeunesse est celle de l'année :
Petits oiseaux, aimez encore un jour. *Ter.*

Puis vient l'été ; mais la crainte l'accueille :
Dans les grands bois, qu'un ciel de feu mûrit,
Dans le buisson, que la chaleur effeuille,
Vos nids en vain chercheraient un abri.
Quelle douleur pour votre cœur si tendre !
Ces œufs bénis, ces fruits de votre amour,
Un maraudeur demain viendra les prendre :
Petits oiseaux, couvez encore un jour.

Timidement cachés sous le feuillage,
Prodiguez-nous vos doux gazouillements.
Vous préludez : l'âme la plus sauvage
Se sent rêveuse à vos trilles charmants.
Mais hâtez-vous. Dans la campagne immense
Le sillon froid, l'air muet, le bois sourd
Vont attrister l'automne qui commence.
Petits oiseaux, chantez encore un jour.

Le vent gémit, et la feuille qui tombe
De la nature annonce le sommeil.
Comme une veuve en pleurs sur une tombe,
Elle attendra le suprême réveil.
Demain, du nord souffle une froide haleine ;
D'un vol pressé, demain, l'hiver accourt ;
Demain... demain, le chasseur entre en plaine :
Petits oiseaux, vivez encore un jour.   *Ter.*

LE CLOCHER

A Emile Larivière.

Air *nouveau de* J. Duval, *ou Air du Chanvre.*

Vieux clocher de ma vieille église,
Que trois siècles n'ont pas lassé,
Je relis sur ta pierre grise
    Le temps passé.

Comme un autre, j'ai dû naguère
Abandonner mon sol natal
Pour faire là-bas de la guerre
Un apprentissage brutal.
Fi de ces exploits qu'on renomme !
Combien je préfère en ce lieu
Aux tambours, cette voix de l'homme,
Les cloches, cette voix de Dieu !

Vieux clocher de ma vieille église,
Que trois siècles n'ont pas lassé,
Je relis sur ta pierre grise
    Le temps passé.

Quand l'homme détruit, quand Dieu fonde,
L'un d'un geste, l'autre d'un mot,
Tu planes dans ta paix profonde
Comme l'ancêtre du hameau ;
Et le paysan à toute heure
Vers toi lève un regard joyeux :
Qu'il naisse, se marie ou meure,
Pour lui tu fais appel aux cieux.

Vieux clocher de ma vieille église,
Que trois siècles n'ont pas lassé,
Je relis sur ta pierre grise
　　Le temps passé.

Le coq gaulois qui fait la roue
Sur ta flèche en toute saison
Sans se plaindre grince et s'enroue
Aux quatre vents de l'horizon.
Mais chaque matin le redore,
Et le premier, quand le jour naît,
Il sourit à la jeune aurore,
Et l'aurore le reconnaît.

Vieux clocher de ma vieille église,
Que trois siècles n'ont pas lassé,
Je relis sur ta pierre grise
　　Le temps passé.

Tantôt par de larges volées,
Tantôt par un doux tintement,
Ta voix sème dans nos vallées
L'espoir et le recueillement.
A ton pied s'étend l'enclos sombre
Où veille un souvenir pieux,
Et tu couvres de ta grande ombre
L'humble tombeau de nos aïeux.

Vieux clocher de ma vieille église,
Que trois siècles n'ont pas lassé,
Je relis sur ta pierre grise
　　Le temps passé.

Beaucoup d'orgueil à qui peu dure.
Que le gros bourgeois enrichi,
Croyant décrasser sa roture,
Replâtre son pignon blanchi.
Mais tes parois, de mousse ornées,
Fières de leur rude beauté,
Gardent la rouille des années,
Ce blason de l'éternité.

Vieux clocher de ma vieille église,
Que trois siècles n'ont pas lassé,
Je relis sur ta pierre grise
  Le temps passé.

MON VOLUME

Air de la Veillée.

Votre attention m'affriole ;
Mais, messieurs, pour la contenter,
Que pourrais-je bien vous chanter ?
Chanson, romance ou gaudriole ?
Du trône jusqu'à l'établi
On goûte les fruits de ma plume.
Je commence... Ah ! fâcheux oubli !
 Je n'ai pas (*bis*) mon volume.

J'ai mis là toute ma pensée,
 Tout mon cœur et tout mon esprit ;
 C'est lui qui pour moi pleure ou rit ;
 C'est là que ma verve est passée.

Je voulais qu'un refrain nouveau
Assurât ma gloire posthume;
J'enfoncerais Lice et Caveau,
   Si j'avais mon volume.

Un quidam à figure honnête,
Croyant en moi flatter l'auteur,
Réclame, à titre d'amateur,
Quelque romance ou chansonnette.
Moi, je lui réponds sans façons :
Vous me pelotez, je présume;
Voulez-vous de bonnes chansons?
   Achetez mon volume.

Sans lui, je suis méconnaissable;
Tous les travers vont m'assiéger;
Je ne puis boire ni manger,
Et je ne ris plus, même à table.
Mais mon front n'a pas un seul pli;
Des ennuis je chasse la brume;
Je suis doux, modeste et poli,
   Lorsque j'ai mon volume.

Allons, le mal est sans remède.
Comment vous montrer mon talent?
La mémoire me laisse en plan,
Et nul ne viendrait à mon aide.
C'est assez longtemps roucouler;
Chacun rit, parle, boit ou fume.
Une autre fois, pour me souffler,
   Apportez (*bis*) mon volume.

UN CHANSONNIER

A Marot-Leriche.

Air *du Vieux soldat* (Masini).

Vous avez connu sa jeunesse :
D'abord roi d'un joyeux banquet,
Plus tard il chercha dans l'ivresse
L'oubli du pain qui lui manquait.
Au premier rang par la nature
Et par la Bohême au dernier... *Bis.*
Ne riez pas, c'est la peinture,
    C'est la peinture *Bis.*
    Du chansonnier.

Il possède, gueux par principe,
Un lit sur trois pieds vacillant,
Des livres, un buste, une pipe,
Dans un vieux casier de bois blanc.
Sa seule veilleuse est la lune ;
L'appétit, son seul cuisinier.
Ne riez pas, c'est la fortune
    Du chansonnier.

L'amour, ce soleil de la terre,
Echauffe un jour notre lézard :
Sans maire, curé, ni notaire,
Il prend un tendron au hasard.
De charmants châteaux en Espagne
Qui meuble alors son pigeonnier ?
Ne riez pas, c'est la compagne
    Du chansonnier.

Du progrès, à la marche lente,
Si le char s'embourbe en tout lieu,
Alors la muse nonchalante
Se réveille et pousse à l'essieu.
Par des chants calmer la souffrance,
De l'avenir gai pionnier,
Ne riez pas, c'est l'espérance
  Du chansonnier.

Tandis que sa verve s'allume,
La misère arrive bientôt ;
Car la main qui conduit la plume
Trouve parfois lourd le marteau.
Cueillant une idée ou des rimes,
Il fait le travail buissonnier.
Ne riez pas, ce sont les crimes
  Du chansonnier.

Mais soudain qui frappe à sa porte ?
Un hôte qu'il n'attendait pas ;
C'est le Temps, dont le bras apporte
La maladie ou le trépas.
Pour le pauvret, que tout délaisse,
L'hôpital succède au grenier.
Ne riez pas, c'est la vieillesse
  Du chansonnier.

Nos craintes nous abusaient-elles ?
Non, voyez au bord du chemin,
Sur un tertre, ces immortelles
Que le vent flétrira demain.

Parmi les fleurs, quand la nuit tombe,
L'oiseau dit son chant printanier ; *Bis.*
Ne riez pas, c'est l'humble tombe,
    C'est l'humble tombe
Du chansonnier. *Bis.*

LAMENNAIS
(1851)
Air du Vengeur.

Vous qui, comblant l'antique abîme,
Montiez à l'assaut du progrès,
Soldats au combat toujours prêts,
Oh ! comme la mort vous décime !
Est-il, dans l'ombre où nous errons,
Encore un flambeau qui rayonne ?
Noble France, de ta couronne
Je vois tomber tous les fleurons. *Bis.*

Poëte que le peuple inspire,
Il chanta pour l'humanité :
Sa muse était la Liberté.
Dans son cœur vibrait une lyre.
Pour stigmatiser les Nérons,
Depuis quarante ans sa voix tonne.
Noble France, de ta couronne
Je vois tomber tous les fleurons.

En vain, disait-il, nos poitrines
Se parent du signe chrétien ;
De l'évangile plébéien
Réalisons-nous les doctrines ?

Esclaves, relevez vos fronts,
Vous que pour frères Dieu nous donne !
Noble France, de ta couronne
Je vois tomber tous les fleurons.

Pour venger Rome à l'agonie,
Un jour si Lamennais surgit,
Plus tard l'ultramontain rugit
Sous le fouet de son ironie :
Dès lors, que de sanglants affronts !
Jamais un pape ne pardonne.
Noble France, de ta couronne
Je vois tomber tous les fleurons.

Dans sa bonté toujours féconde,
Combien il calma de douleurs !
Combien il essuya de pleurs !
Ses bienfaits coulaient comme l'onde.
Dans la nuit, comme les larrons,
Il cachait sa furtive aumône.
Noble France, de ta couronne
Je vois tomber tous les fleurons.

Auprès de ta cendre, ô prophète,
Quand tes amis mènent le deuil,
Aux sourds échos de ton cercueil
Paris mêle ses bruits de fête.
Sur ta fosse quand nous pleurons,
Là-bas le carnaval bourdonne.
Noble France, de ta couronne
Je vois tomber tous les fleurons.

A toi la pompe militaire,
Guerrier que nous n'admirons pas;
Sois vain, même après le trépas :
Au penseur, silence et mystère.
L'idée où nous nous inspirons
Plus haut que tes canons résonne.
Noble France, de ta couronne }*Bis.*
Je vois tomber tous les fleurons.

NOTES

Page 1re. — LES BOTTES DE BASTIEN. *La vogue incompréhensible qui accueillit cette chanson à l'origine, les nombreuses imitations qui en ont été faites, les bruits auxquels elle a donné cours, et même les allusions politiques qu'on y a voulu découvrir, ne permettaient pas de l'omettre dans un recueil de chansons choisies.*

Page 12. — LES AMIS DE LA CHANSON. *C'est le titre d'une société lyrique lyonnaise qui a bien voulu interpréter quelques-unes de mes œuvres: les Roses, la Neige, entre autres. On cite parmi les chansonniers lyonnais René Bidaud, François Grizard, Arthur Lamy, Favre, Célestin Gauthier.*

Page 26. — COLÉOPTÈRE. *On a cru reconnaître dans ce personnage d'invention Théodore Pelloquet, journaliste et littérateur, mort fou à Nice en 1868. — Voir Littérature française de Staaff. M. Fauvel, cité dans le dernier couplet, est ce médecin que l'usage du laryngoscope a rendu célèbre.*

Page 57. — DISCOURS DU TRÔNE. *On n'oubliera jamais la lettre insolente par laquelle Louis Bonaparte, alors empereur, essaya de forcer la main au Corps législatif pour lui faire voter une dotation en faveur de M. Cousin-Montauban. On y lit: « Les nations dégénérées marchandent seules la reconnaissance publique. »* Grandis epistola !

Page 82. — LE CAFÉ DES INCURABLES. *Cet établissement a réellement existé rue du faubourg Saint-Martin, presque au coin de la rue des Récollets. Un teinturier le remplace.*

Page 101. — LE DÉMÉNAGEMENT. *Il semble inutile de préciser ici les divers souvenirs que le nouvel empereur rencontre dans son court trajet de l'Elysée aux Tuileries: l'exécution de Louis XVI; le 10 thermidor an II ; le départ de Louis-Philippe, accompagné de M. Crémieux ; les Suisses inhumés dans le jardin après le 10 août 1792; le 20 mars, etc.*

Page 105. — SIC VOS, NON VOBIS. *Une anecdote bien connue attribue à Virgile les quatre vers commençant tous par ces mots. Lachambeaudie les a pris pour titre d'une série d'apologues.*

Page 110. — MON JEUNE HOMME. *Cette expression familière, avoir son jeune homme, pour être pris de vin, n'est pas nouvelle. On en attribue l'invention à un acteur de la Porte St-Martin, nommé Cottenet, je crois.*

Page 112. — MA PHOTOGRAPHIE. *Darlot, à qui est adressée cette chanson-requête, était photographe et faisait figurer dans ses cadres, et en montre, les portraits de divers chansonniers.*

Page 119. — CHANT RÉPUBLICAIN. *Cette chanson, écrite au mois de janvier 1870, a été publiée pour la première fois dans le Guetteur de Saint-Quentin, le 9 septembre suivant. Elle a ensuite paru,* en janvier 1871, dans une brochure éditée chez Wittersheim, sous le titre de Rimes républicaines, et aujourd'hui épuisée.

Page 124. — LA POINTE A GUÉRIN. *Pièce de terre située dans la plaine Saint-Denis ; le nom en a été appliqué par les Parisiens au cimetière dans lequel elle est englobée. Le nom de Cayenne a prévalu.*

Page 151. — JÉSUS. *Chanson imprimée pour la première fois en 1864, dans la* Tribune lyrique, *publiée à Mâcon par mon ami Demoule.*

Page 153. — MONSIEUR SATISFAIT. *On a dû retrancher par prudence quelques couplets dans lesquels certains personnages n'auraient pas été flattés de voir leurs noms écrits en toutes lettres. Quant à remplacer ces noms par des points, allez donc dissimuler un nom qui termine un vers et sert de rime à déchu !*

Page 185. — MON VOLUME. *La* Lice *et le* Caveau, *cités au deuxième couplet, sont deux sociétés lyriques qui comptent parmi leurs membres quelques-uns des meilleurs chansonniers parisiens.*

Page 189. — LAMENNAIS. *Pour comprendre les deux derniers couplets, il faut se rappeler que le corps de Lamennais a été déposé dans la fosse commune pendant les jours gras, et qu'un amiral fut inhumé en même temps avec une grande pompe : quinze voitures de deuil et une douzaine de bataillons suivaient le char funèbre et deux régiments formaient la haie.*

TABLE DES CHANSONS.

Aimeuses (Les)	17
Amis de la chanson (Les)	12
Amis perdus (Les)	167
Apprenti (L')	136
Assez de chansons	9
Au Caveau	117
Automne (L')	95
Basselin	155
Bastille (La)	134
Béranger	149
Bossus (Les deux)	161
Bottes de Bastien (Les)	1
Bouleau (Le)	14
Bout de l'an d'un goguettier (Le)	51
Brises d'avril	43
Café des incurables (Le)	82
C'est aujourd'hui dimanche	68
Chanson à boire (Une)	93
Chansonnier (Un)	187
Chansonniers (Les)	45
Chant d'espérance	115
Chant républicain	119
Chasse d'hiver	48
Chasselas (Le)	23
Clocher (Le)	183
Coléoptère	26
Confiance	31
Conversion (La)	11

TABLE DES CHANSONS.

Coucou (Le)	35
Déménagement (Le)	101
Discours du trône	57
Encore un jour	181
Enterrement (L')	64
Etable (L')	169
Fenêtre (Sa)	121
Ferme (La)	86
Fouilles (Les)	130
Glaneuse (La)	98
Grèves (Les)	139
Hannetons (Les)	71
Il fait soleil	92
Je ne chante plus	163
Je ne veux pas mourir encore	180
Jésus	151
Jeu des demoiselles (Le)	60
Jeune chanson (La)	88
Jeune homme (Mon)	110
Jules Janin (A)	140
Laissez passer la justice de Dieu	21
Lamennais	189
Lampion (Le)	97
Ludibria ventis	178
Marche au concours	62
Marlée	174
Monsieur Satisfait	153
Neige (La)	79
Ne vends pas tes baisers	143
Nicolas Tac-Tac	158
Notre-Dame du cabaret	40
Nous ne sommes pas ivres	7

TABLE DES CHANSONS.

Original (L')	81
Pantinois (Les)	107
Parc (Le)	75
Pauvre femme !	142
Pauvre village (Mon)	70
Pavillon du vieux lapin (Le)	143
Photographie (Ma)	112
Pierre Dupont	46
Pointe à Guérin (La)	124
Pommier mort (Le)	27
Quand je bois du vin	147
Quand je n'avais pas de chemise	165
Que de beaux jours n'ont pas de lendemain	33
Rat du septième léger (Le)	19
Regain d'amour	84
Réveil de la chanson (Le)	128
Rivale (La)	38
Ronde des clés (La)	122
Roses (Les)	100
Saint-Propriétaire (La)	4
Sic vos, non vobis	103
Souliers (Les)	78
Sureau (Le)	29
Templiers (Les)	172
Temps d'aimer (Le)	67
Tour Saint-Jacques (A la)	175
Troisième (La)	101
Vieillesse (La)	132
Vivent les morts !	125
Volume (Mon)	185

Les quatre-vingt-dix pièces qui précèdent avaient été préparées, revues et classées par l'auteur lui-même pour former le recueil de ses Chansons choisies. Nous n'avons voulu y apporter aucune modification. Toutefois, nous reproduisons ci-après quelques morceaux qui, pour n'être pas des chansons proprement dites, ne laissent pas de se rapprocher de ce genre par la forme ou par le sujet. Ils sont intitulés Elégies parisiennes.

ÉLÉGIES PARISIENNES

LA SOURCE

C'était aux premiers jours d'automne.
D'un flot imperceptible et lent
La source coulait, monotone,
Sur un beau lit de sable blanc.

Elle s'échappait, calme et douce.
Les grillons, sous l'herbe tapis,
Se taisaient ; et la jeune mousse
Rampait sous mes pas, vert tapis.

Un long peuplier d'Italie,
Comme moi pensif et rêvant,
Secouait sa mélancolie
Au-dessus du cristal mouvant.

Et je voyais parmi les aunes,
Frais abri qu'aime l'alcyon,
Les cactus aux maigres fleurs jaunes,
Où tout pétale est un rayon.

La bruyère, avec son vert sombre,
Couronnait le haut coteau noir,
Et projetait sa masse d'ombre
Sur la fontaine, clair miroir.

Et je crus — l'âme parfois doute ! —
Que tout avait pris une voix,
Depuis la fleur, qui dit : Ecoute !
Jusqu'au nuage, qui dit : Vois !

Cette voix, moqueuse et touchante,
Frappait mon cœur d'un double assaut :
Quand les arbres me criaient : Chante !
— Pleure ! gazouillait le ruisseau.

Et je chantai. Mais pourquoi dire
Mes regrets amers ou plaintifs ?
J'ai laissé trop longtemps ma lyre
Au triste branchage des ifs.

Le soupir au soupir s'ajoute.
Souvenirs dans mon cœur éclos,
Ainsi vous tombiez goutte à goutte,
Et mes chants se faisaient sanglots.

Et l'eau qui doucement murmure,
— La pureté jamais ne ment —
L'herbe, l'air, toute la nature
Semblait partager mon tourment.

Tout se taisait. Le bois immense
— Où va-t-on chercher l'amitié ? —
Etait recueilli : le silence
Est le frère de la pitié.

Pourquoi tes arbres, bois austère,
Moins que l'homme sont-ils méchants ?
Je leur dis : Qui donc vous fait taire ?
Et tous en chœur : — Ce sont tes chants.

Puis à la fontaine, honteuse
D'être vue : Après ces chaleurs,
Quelle source mystérieuse
Grossit ton cours ? — Ce sont tes pleurs.

Pleurer ! chanter ! c'est notre voie ;
Suivons-la : Dieu, souvent railleur,
Donne une larme à chaque joie,
Prête un chant à chaque douleur.

LE BOHÊME

De la misère heureux esclave,
Toujours il redouta l'hymen ;
Et cependant c'était un brave,
Un brave à trois poils... dans la main.

Aux vents d'hiver servant de cibles,
Ses tibias secs et frileux
Cachaient des bottes impossibles
Sous un pantalon fabuleux.

Ne possédant maison ni terre,
Bon pour des bourgeois abrutis,
Il payait son propriétaire
Avec quelques mots bien sentis.

Ce Céladon sans Cydalises
Allait, quand le *Bois* était vert,
Réchauffer aux premières brises
Son gousset, nu comme l'hiver.

Rêver, c'est avoir la fortune :
Comme tant de gens sans aveu,
Il faisait des vers à la lune ;
Quant aux trous, n'en fait pas qui veut.

Palais cossus, large pitance,
Les riches gardent tout pour eux ;
Mais n'avait-il pas l'espérance,
La richesse des malheureux ?

En goguette, chaque semaine,
Il chantait, narguant l'épicier,
Le grand morceau de Théramène
Sur des airs connus, de Darcier.

Au risque, comme un chien qui grogne,
De se faire casser les reins,
Il tannait sans nulle vergogne
Le cuir de ses contemporains.

Sérieux comme les messies
Quand ils se savent écoutés,
Il lançait d'effroyables scies
Au nez des pantes épatés.

Quelquefois, au Café de France,
Il amalgamait sans pitié
La soupe aux choux de l'espérance
Et la chope de l'amitié ;

Et parfois, faisant chère lie,
Grâce au crédit du cabaret,
Il enluminait sa folie
Des chauds rayons d'un vin clairet.

Il savait, aux jours de disette,
En se payant un cran hors tour,
Déjeuner d'une cigarette
Ou bien dîner d'un calembour.

Pour un vrai pâté de Lesage
Un jour il peignit, quel espoir !
Sur un fond vert de paysage
Un gros monsieur en habit noir ;

Mais sa cation rentrée
S'était révélée un peu tard ;
Sur sa palette diaprée
Régnait en maître l'épinard.

Quand la sagesse au masque pâle,
Après tant de jours mal usés,
Murmurait, comme un dernier râle,
Ses conseils toujours méprisés ;

Lorsque l'ange de la colonne
Ebauchait sur l'azur du ciel,
Sans clarinette et sans trombone,
Son entrechat perpétuel ;

Couronnant sa vie incongrue,
Le grand artiste *in partibus*
Mourut à jeun, en pleine rue,
Ecrasé par un omnibus.

LA PUCE

Je te tiens ! Te voilà pincée,
Gredine de puce, à la fin !
Moi qui t'ai si bien engraissée,
Je n'assouvirai plus ta faim.

Prise entre l'index et le pouce,
Redoutant mon ongle vainqueur,
Tu te fais petite, humble et douce,
Et l'effroi fait battre ton cœur.

Mais toute feinte est inutile ;
Rien ne saurait plus m'attendrir.
Tu m'as trop échauffé la bile ;
L'heure est venue : il faut mourir.

Assez longtemps je t'ai guettée.
Assez longtemps, la nuit, le jour,
J'ai, comme un autre Prométhée,
Restauré cet autre vautour.

Grâce au nombre de tes victimes,
Tu n'es plus digne de pardon.
Eh bien ! avoue enfin tes crimes ;
Ou, si tu peux, défends-toi donc !

Oui, réponds, si tu peux répondre.
Réponds, insecte détesté !
Réponds !... Moi, j'ai pour te confondre
La force de la vérité.

Qui dira tes forfaits sans nombre ?
Que de fois tu m'as échappé
Lorsque pour te saisir dans l'ombre
Je tâtonnais d'un doigt crispé !

Combien de fois, seul dans ma chambre,
Cherchant le sommeil dans mes draps,
Je te sentis sur chaque membre
Promener tes pas scélérats !

Et, quoi que ta plainte bourdonne,
Dans tes forfaits il en est un
Que moins encore je pardonne,
C'est le réveil inopportun.

En vain des plus forts narcotiques
J'implorais les puissants pavots ;
En vain des feuilles politiques
Je mâchais les graves travaux ;

En vain, dans ma veille entêtée,
Suivant la formule, avec art,
A la prose de Timothée
Je mêlais des vers de Ponsard :

De l'occiput jusqu'à l'échine,
Infâme buveuse de sang,
Mon bras, mon ventre, ma poitrine
Enduraient ton dard agaçant.

Etais-tu mère, épouse ou fille ?
Ce sang vermeil que tu suçais,
Ce n'était pas pour ta famille,
Car seule tu t'en repaissais.

La terreur couvre ton front blême.
Oh! ne sait pas mentir qui veut.
Tu te tais... Ton silence même,
Oui, ton silence est un aveu.

Et tu croyais, dans ta démence,
Tremblante d'espoir et d'émoi,
Pouvoir compter sur ma clémence?
En as-tu jamais eu pour moi?

Ma générosité sommeille ;
D'ailleurs : « *Qui pardonne aisément
Invite à l'offenser!* » — CORNEILLE.
Voici le jour du châtiment.

Auprès de la table nocturne,
Où vacille un pâle flambeau,
Je placerai ton corps dans l'urne
Qui doit te servir de tombeau ;

Et quand de ta race inhumaine
Viendra rôder le noir essaim,
Et quand il tâtera ma veine
Pour puiser la vie en mon sein ;

Alors, qu'il neige, tonne ou vente,
Près de mon lit, objet d'horreur,
Ils liront avec épouvante
Ces mots, tracés d'un doigt vengeur :

Puces! Une de vos semblables
Expie ici ses cruautés.
Mortels, dormez. Craignez, coupables,
Des supplices trop mérités.

Osez encor, cruelle engeance,
Troubler mon paisible sommeil;
Osez, et ma juste vengeance
Vous promet un tombeau pareil.

LE PASSANT

Je travaillais dans mon échoppe;
Il ouvre et me dit en entrant :
— J'ai terminé mon tour d'Europe.
— Qui donc es-tu ? — Le Juif errant.

— Le Juif errant ! salut, confrère ;
Car tu fus cordonnier, je crois.
— Je chôme depuis le calvaire ;
Mes outils sont où fut la croix.

— Et que veux-tu ? — Vois mes chaussures :
De ton adresse j'ai besoin.
Ce vieux cuir, criblé de blessures,
Dit assez que je viens de loin.

Comme un boulet traînant la vie,
Souffrant toujours sans être absous,
Je marche sur terre et j'envie
Ceux qui se reposent dessous.

Ma misère, souvent accrue,
Ne fut pas toujours sans douceurs :
J'ai trouvé, juste en cette rue,
Le plus complaisant des chausseurs.

— Ce chausseur, mon premier ancêtre,
Dut te raccommoder gratis ;
Service que tu vas peut-être
Accepter de son petit-fils.

— Sois béni pour cette offre amie.
Ma semelle a fait bien des pas ;
Et, malgré mon économie,
Mes cinq sous n'y suffiraient pas.

Dans ces murs, qu'un vain luxe assiége,
Les pauvres gens sont mal venus ;
Mais qu'importe après tout ! disais-je.
Comme le Christ, allons pieds nus.

— La misère y trouve un refuge...
Mais qui t'a rendu si savant ?
Et pour t'en faire ainsi le juge,
Ce Paris, l'as-tu vu souvent ?

— Trois fois je visitai la ville ;
J'ai vu Paris à son matin :
Croissant à l'entour de son île,
Des roseaux bornaient son destin.

— Tu n'as pu voir notre Lutèce
Quand, debout sur ses quatre îlots,
Elle bravait, sans forteresse,
Les loups, les Normands et les flots.

Plus tard, une règle assez rude,
A chaque instinct donnant son tour,
Au mont Cétard parquait l'étude
Et les chansons au Puits-d'Amour.

C'était bien : mais un jour arrive
Où les écoliers pèlerins
Répondent au royal qui-vive :
Mauvais garçons et malandrins !

— Voici le siècle du bitume.
Du passé broyant les lambeaux,
Un soc impitoyable exhume
Plus de vingt siècles de tombeaux.

Le houx d'une sombre taverne
A remplacé le fier blason.
Le cloître se change en caserne,
Et le palais devient prison.

Je regrette, en ta cité reine,
Ces quais, pleins de charme et d'ennui,
Où j'entendais couler la Seine
Et ronfler les veilleurs de nuit.

Jaloux des travaux de vos pères,
Vous en détruisez les témoins.
En ces temps, qu'on dit plus prospères,
Valez-vous plus ! Valez-vous moins !

— Tandis qu'à travers mers et plaines,
Tu courais de Brest à Memphis,
Obscurs, nous poussions nos alènes
Dans notre coin, de père en fils.

— Merci. Je pars, quoiqu'il m'en coûte ;
Jamais pour moi de longs séjours.
Adieu, je me remets en route...
— Encore ! — Hélas ! — Longtemps ? — Toujours

LE DERNIER BOUT DE L'AN

Vingt-six avril ! C'est bien la date
Où nous visitons ce séjour.
La goguette n'est point ingrate :
Nous voici comme au premier jour.

Moi qui dans ces tristes journées
Si souvent ai conduit le deuil,
Je salue, après douze années,
Ce corps désormais sans cercueil.

Assistez donc, en cet asile,
Camarades au cœur constant,
Au dernier bout de l'an de Gille ;
Mais hâtez-vous ; la ville attend.

La ville réclame sa terre ;
Et, sur l'appel de son caissier,
La funèbre propriétaire
Nous fait déguerpir sans huissier.

Voulez-vous en finir plus vite ?
C'est aisé, monsieur le préfet ;
Tenez : brûlez-nous tout de suite,
Et ce sera bien plus tôt fait.

Il faut donc faire place à d'autres.
Ils sont nombreux les successeurs :
Les bourreaux comme les apôtres,
Les soldats comme les penseurs.

Avant que sur ce sol retombe
Le coup de pioche et de rateau,
Un dernier adieu sur ta tombe,
Chansonnier qui partis trop tôt.

Or, depuis que la mort avide
Te tient captif dans ce lit froid,
Elle a fait chez nous plus d'un vide :
Piaud, Drappier, Fréval et Leroy.

Comme toi la chanson les pleure.
Joyeuses voix ou nobles fronts,
Ils s'en sont allés avant l'heure ;
Ils sont allés... où nous irons.

Sous les soleils, sous les rosées,
En plein vent tes os blanchiront ;
Mais, par la goguette arrosées,
Longtemps tes chansons fleuriront.

Oui, laisse à la bise glacée
Ces fleurs que le temps peut ternir :
Nous cultiverons ta pensée
Dans le jardin du souvenir.

Et vous, plantes insoucieuses,
Lierre, dont le feuillage ami
De ténèbres mystérieuses
Couvrait le poëte endormi ;

Et vous, lilas, tilleuls et charmes,
Dont l'ombre est fraîche aux fronts pensifs,
Vous abriterez d'autres larmes,
D'autres sanglots sous vos massifs.

Puisqu'à Paris le fisc nous fouille
Jusque dans ce suprême abri,
Espérons que notre dépouille
Sera plus tranquille à Méry,

Et que là-bas aucun édile
Ne viendra d'un ton souverain
Nous crier, comme on crie à Gille :
Pars, j'ai besoin de ton terrain !

Je m'arrête, et crains qu'on ne blâme
Un temps trop long ici passé.
Gille, le néant te réclame ;
Adieu : le néant est pressé.

TABLE GÉNÉRALE.

Chansons choisies.......................... 1
Notes..................................... 193
Table des chansons........................ 197
Avertissement............................. 201
Elégies parisiennes....................... 203
La Source................................. 203
Le Bohème................................. 205
La Puce................................... 208
Le Passant................................ 211
Le Dernier bout de l'an................... 214

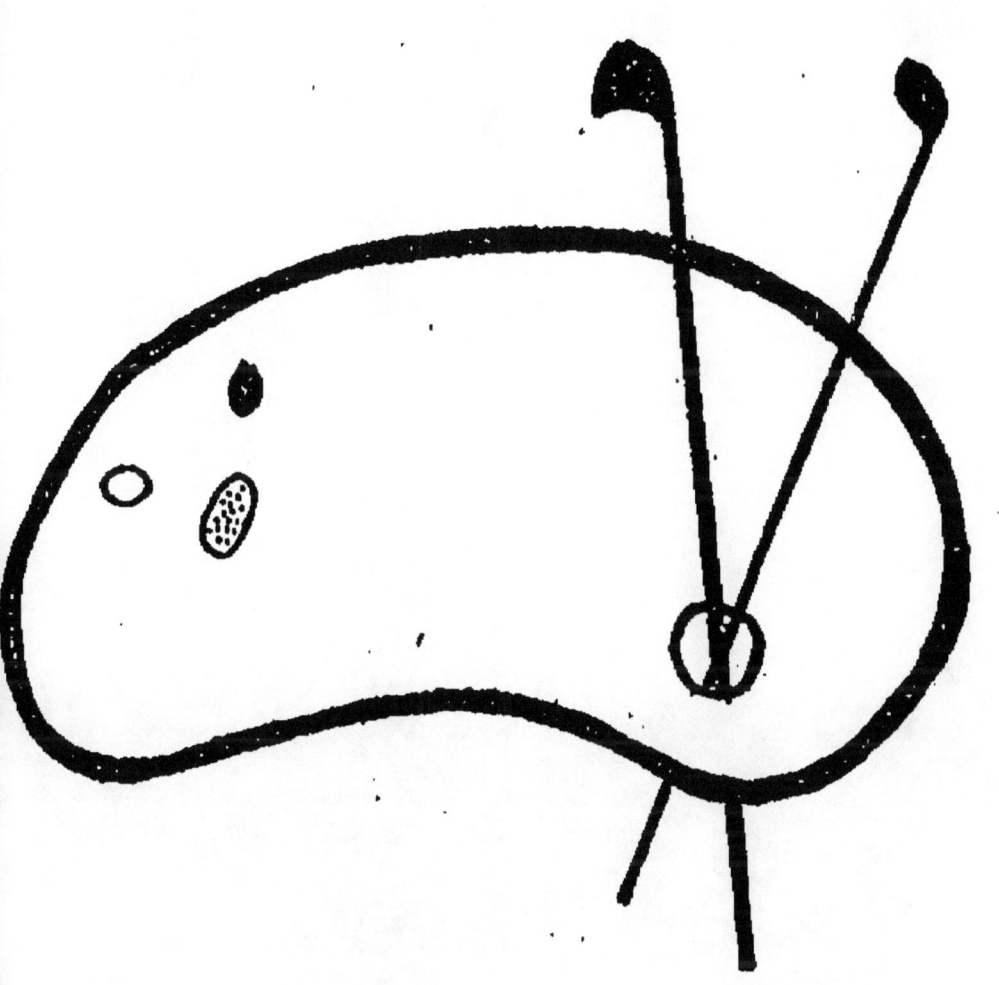

ORIGINAL EN COULEUR
NF Z 43-120-8

www.ingramcontent.com/pod-product-compliance
Lightning Source LLC
Chambersburg PA
CBHW071949160426
43198CB00011B/1616